GRUNDWORTSCHATZ
SPANISCH
PERFEKT

L. Tapia Flores

Compact Verlag

Bisher sind in dieser Reihe erschienen:

Compact Grundwortschatz – Englisch perfekt
Compact Grundwortschatz – Französisch perfekt
Compact Grundwortschatz – Italienisch perfekt
Compact Grundwortschatz – Spanisch perfekt

© 2002 Compact Verlag München
Alle Rechte vorbehalten. Nachdruck, auch auszugsweise, nur mit ausdrücklicher Genehmigung des Verlages gestattet.
Chefredaktion: Ilse Hell
Redaktion: Julia Kotzschmar, Alexandra Pawelczak, Ariane Busch
Fachredaktion: Victoria Navarro
Redaktionsassistenz: Stefanie Neuz, Nicole Weber
Produktion: Martina Baur
Umschlaggestaltung: Gabi Spiegl

ISBN: 3-8174-7262-5
7172621

Besuchen Sie uns im Internet: www.compactverlag.de

Vorwort

Das sichere Beherrschen des **spanischen Grundwortschatzes** ist für den kompetenten und erfolgreichen Umgang mit der spanischen Sprache unerlässlich.

Der Compact Grundwortschatz konzentriert sich auf das Wesentliche der Sprache und ist deshalb in drei Bereiche untergliedert: **Basisvokabeln, erweiterter Grundwortschatz und Redewendungen.**
Die bewusst gewählte Einteilung eignet sich hervorragend dazu, eine stabile Basis der Fremdsprache zu erarbeiten, ohne den Lernenden zu überfordern.

Die rund **600 Basisvokabeln** mit Lautschriftangabe und vielen praxisnahen Beispielsätzen befähigen den Nutzer zum ersten, grundlegenden Sprechen und Verstehen.
Mit dem erweiterten Grundwortschatz von ca. **1000 Wörtern** erreicht der Lernende eine sichere und umfangreiche Grundlage der Fremdsprache, die eine zielgerichtete Kommunikation im Alltag, im Job und auf Reisen ermöglicht.

Durch die auf Sprechsituationen bezogenen rund **250 Redewendungen** im dritten Teil des Buches wird der Wortschatz im Gespräch vielseitig anwendbar und ein gutes Gefühl für die Sprache vermittelt.
Zum besseren Einprägen sind die grundlegenden, unverzichtbaren Wendungen rot hervorgehoben.

Lautschrift und Aussprache

Das Betonungszeichen (') steht jeweils vor der Silbe, die betont werden muss.

Konsonanten

B̲all	b	b̲oca
d̲ort	d	d̲inero
f̲liehen, vo̲r	f	f̲iesta
g̲eben	g	g̲anar
jeder, Million	j	y̲erno
K̲amm, C̲hor	k	c̲aso
L̲ob	l	l̲engua
	ʎ	desarrol̲l̲o
M̲aus	m	m̲ayo
n̲ehmen	n	n̲ada
	ɲ	sueñ̲o
an̲geln, lin̲ks	ŋ	ban̲co
P̲ost	p	p̲unto
R̲and	r	pe̲ro
	rr	torr̲e
bes̲s̲er, Ruß̲	s	mes̲a
Ts̲c̲hüss	tʃ	luc̲h̲a
tre̲ten, Pfad̲	t	t̲oro
Nac̲h̲t	x	j̲efe
Hos̲e	z	fantas̲ma
	θ	c̲ivil, z̲umo

Vokale

bla̲ss	a	dam̲a
e̲gal	e	me̲ter
Vi̲tamin	i	niñ̲o
Mo̲ral	o	poc̲o̲
Zu̲nge	u	u̲no

Diphtonge wurden unterstrichen:
abue̲la
acei̲te
actua̲lmente
bai̲le

Inhalt

Vorwort	3
Lautschrift	4
Abkürzungen	6
Basisvokabeln	7
Grundwortschatz	47
Redewendungen	111
Zwischenmenschliche Beziehungen	111
Emotionen äußern	113
Bitten, Aufforderungen, Fragen	115
Versprechen, Wünschen, Anbieten	117
Mitteilungen	119
Gespräche führen	120
Äußerungen, Stellungnahmen	122
Anhang	125

Abkürzungen

adj	Adjektiv
adv	Adverb
Am.	Lateinamerika
art	Artikel
conj	Konjunktion
etw	etwas
f	Femininum
int	Interjektion
jdm	jemandem
jdn	jemanden
jds	jemandes
jmd	jemand
m	Maskulinum
n	Nomen
pl	Plural
prep	Präposition
pron	Pronomen
sg	Singular
v	Verb

a

a *prep* [a]
a menudo
a partir de hoy
al lado de

nach, um, an
oft
von heute an
neben

abajo *adv* [a'baxo]
Julio va abajo.

herunter, hinunter, unten
Julio geht hinunter/nach unten.

abuela *f* [a'buela]

Großmutter

abuelo *m* [a'buelo]

Großvater

aburrirse *v* [abu'rrirse]
Me he aburrido en la fiesta.

sich langweilen
Ich habe mich auf der Party gelangweilt.

abrigo *m* [a'brigo]
al abrigo de ...

Mantel
unter dem Schutz von ...

abrir *v* [a'brir]

öffnen, aufmachen

aceite *m* [a'θeite]

Öl

aceptar *v* [aθep'tar]
aceptar un compromiso

annehmen, akzeptieren
einen Kompromiss in Kauf nehmen

aclarar *v* [akla'rar]
aclarar un malentendido

klären
ein Missverständnis klären

acoger *v* [ako'xer]
acoger bien/mal a una persona

aufnehmen, empfangen
jdn gut/schlecht aufnehmen

acogida *f* [ako'xida]
La acogida ha sido muy buena.

Empfang, Aufnahme
Der Empfang ist sehr freundlich gewesen.

acompañar *v* [akompa'ɲar]
Te acompaño.

begleiten
Ich begleite dich.

actualmente *adv* [ak'tual'mente]
Actualmente vivo con mis padres.

zurzeit
Zurzeit wohne ich bei meinen Eltern.

adentro *adv* [a'dentro]
Fueron hacia adentro.

drinnen, hinein, herein
Sie gingen hinein.

adiós *int* [a'dios]
decir adiós a alguien/algo

auf Wiedersehen
von jdm/etw Abschied nehmen

 **adonde**

adonde *adv* [adonde] Vamos al café adonde generalmente van los estudiantes. adonde quiera	**wohin** Wir gehen in das Café, wo normalerweise die Studenten hingehen. wohin auch immer
aeropuerto *m* [aero'puerto] ¿Qué bus va al aeropuerto?	**Flughafen** Welcher Bus fährt zum Flughafen?
agencia *f* [a'xenθia] agencia de viajes	**Agentur, Büro** Reisebüro
agua *m* ['agua] agua mineral con gas agua mineral sin gas agua dulce agua salada	**Wasser** Mineralwasser mit Kohlensäure Tafelwasser ohne Kohlensäure Süßwasser Salzwasser
agujero *m* [agu'xero]	**Loch**
ahí *adv* [a'i] El metro está ahí.	**da, dort** Die U-Bahn ist dort.
ahora *adv* [a'ora] ¿Y ahora qué hacemos?	**jetzt, nun** Und was machen wir jetzt?
aire *m* ['aire] ¿Vamos a tomar un poco de aire fresco?	**Luft** Wollen wir ein wenig frische Luft schnappen?
alarma *f* [a'larma] dar la alarma	**Alarm, Notruf** Alarm schlagen
alegre *adj* [a'legre] Carmen es una mujer alegre.	**fröhlich** Carmen ist eine fröhliche Frau.
alemán *adj, m* [ale'man] Karin es alemana. Tomo cerveza alemana.	**deutsch, Deutscher** Karin ist Deutsche. Ich trinke deutsches Bier.
algo *pron, adv* ['algo] ¡Esta película es algo aparte! Me suena de algo. ¿Quieres algo?	**etwas** Dieser Film ist ein Meisterstück! Das kommt mir irgendwie bekannt vor. Möchtest du etwas?
alguien *pron* ['algien] Alguien pregunta por ti.	**jemand** Jemand fragt nach dir.
algún *adj* [al'gun] ¿Hay algún problema?	**irgendein** Gibt es irgendein Problem?

amigo

alguno *adj, pron* [alˈguno] *Él nos mostró algunas fotos.*	jemand, irgendeiner, einige, manche *Er zeigte uns einige Bilder.*
almuerzo *m* [alˈmu̯erθo] *¿A qué hora se sirve el almuerzo?*	Mittagessen *Wann wird das Mittagessen serviert?*
alojamiento *m* [aloxaˈmi̯ento] *Ofrecemos alojamiento y desayuno.*	Unterkunft, Übernachtung *Wir bieten Übernachtung und Frühstück.*
alto *adj* [ˈalto] *Julio es alto.*	groß, hoch *Julio ist groß.*
alumno *m* [aˈlumno] *Los alumnos escuchan atentamente.* *Pablo es un buen alumno.*	Schüler *Die Schüler hören aufmerksam zu.* *Pablo ist ein guter Schüler.*
allá *adv* [aˈʎa] *Allá está el banco, ¿lo ves?* *¿Qué hay allá?*	dort, da *Dort ist die Bank, siehst du sie?* *Was gibt es dort?*
allí *adv* [aˈʎi] *Allí venden frutas.*	dort, da *Dort wird Obst verkauft.*

info

Wenn Sie sich einzelne Wörter nicht merken können, **notieren Sie sie groß** auf einem Blatt Papier und hängen es gut sichtbar im Raum auf!

ama *f* [ˈama] *ama de casa*	Herrin *Hausfrau*
amable *adj* [aˈmable] *La profesora es muy amable.*	freundlich *Die Lehrerin ist sehr freundlich.*
amargo *adj* [aˈmargo] *una experienca amarga*	bitter *eine bittere Erfahrung*
amar *v* [aˈmar] *Rosa ama mucho a Óscar.*	lieben *Rosa liebt Óscar sehr.*
amarillo *adj* [amaˈriʎo] *Las flores amarillas me gustan.*	gelb *Ich mag gelbe Blumen.*
amigo *m* [aˈmigo] *Mario es un buen amigo.* *Nos hemos hecho amigos durante el viaje.*	Freund *Mario ist ein guter Freund.* *Wir haben uns während der Reise angefreundet.*

amistad

amistad *f* [amisˈtad]
amistad estrecha
hacer amistad

Freundschaft
enge Freundschaft
Freundschaft schließen

---

amor *m* [aˈmor]
Lo hago por amor a ella.

Liebe
Ich mache es aus Liebe zu ihr.

---

andar *v* [anˈdar]
Voy andando hasta la universidad.
Deja de andar de aquí para allá.

gehen, laufen
Ich laufe bis zur Universität.
Hör auf, hin und her zu laufen!

---

andén *m* [anˈden]
El tren para Barcelona parte del andén número 4.

Gleis
Der Zug nach Barcelona fährt von Gleis 4.

---

anillo *m* [aˈniʎo]

Ring

---

anoche *adv* [aˈnotʃe]
Anoche llovió muy fuerte.

gestern Abend/Nacht
Gestern Abend regnete es sehr stark.

---

anuncio *m* [aˈnunθio]
¿Buscas un apartamento? ¿Por qué no pones un anuncio en el periódico?

Anzeige
Suchst du eine Wohnung? Warum gibst du nicht eine Anzeige in der Zeitung auf?

---

año *m* [ˈaɲo]
Año Nuevo
año escolar

Jahr
Neujahr
Schuljahr

---

apagar *v* [apaˈgar]
¿Has apagado la luz?

löschen, ausmachen
Hast du das Licht ausgemacht?

---

aparcamiento *m* [aparkaˈmiento]
Es difícil encontrar un aparcamiento aquí.

Parkplatz
Es ist schwer, hier einen Parkplatz zu finden.

---

aparcar *v* [aparˈkar]
Aparcar en el centro es muy difícil.

parken
Es ist schwierig, im Zentrum zu parken.

---

apartamento *m* [apartaˈmento]
Cambio/Me mudo de apartamento.

Wohnung
Ich ziehe um.

---

apellido *m* [apeˈʎido]
¿Cómo se llama de apellido?

Nachname
Wie lautet ihr Nachname?

---

apetecer *v* [apeteˈθer]

Me apetece ir al cine.
¿Te apetece un café con leche?

gefallen, wollen, mögen, Lust haben
Ich habe Lust, ins Kino zu gehen.
Möchtest du einen Milchkaffee?

autobús

apetito *m* [ape'tito]
tener apetito de algo

Appetit
Appetit auf etw haben

aprender *v* [apren'der]
aprender de memoria

lernen
auswendig lernen

aquí *adv* [a'ki]
Aquí no se fuma.

hier
Hier wird nicht geraucht.

árbol *m* ['arbol]
árbol de Navidad

Baum
Weihnachtsbaum

armario *m* [ar'mario]
El armario es de madera.
Tus guantes están en el armario.

Schrank
Der Schrank ist aus Holz.
Deine Handschuhe sind im Schrank.

armonía *f* [armo'nia]

Harmonie

arriba *adv* [a'rriba]
Vamos arriba, quiero enseñarte mi habitación.

nach oben, oben
Gehen wir nach oben, ich möchte dir mein Zimmer zeigen.

arroz *m* [a'rroθ]
En China se come mucho arroz.

Reis
In China isst man viel Reis.

ascensor *m* [asθen'sor]
El ascensor se ha quedado parado.

Fahrstuhl
Der Fahrstuhl ist stehen geblieben.

asiático *adj* [a'siatico]
La comida asiática sabe muy bien.

asiatisch
Das asiatische Essen schmeckt sehr gut.

asiento *m* [a'siento]
Tome asiento, por favor.

Sitz, Platz
Nehmen Sie bitte Platz.

atrás *adv* [a'tras]
hacia atrás

hinten, zurück
rückwärts

atravesar *v* [atrabe'sar]
Tiene que atravesar la plaza para ir a la residencia de estudiantes.

überqueren, durchqueren
Um zum Studentenwohnheim zu gelangen, müssen Sie den Platz überqueren.

atún *m* [a'tun]
Pido una ensalada con atún.

Tunfisch
Ich bestelle einen Salat mit Tunfisch.

auto *m* ['auto]
¿Qué auto tienes?

Wagen, Auto
Was für ein Auto hast du?

autobús *m* [auto'bus]
El autobús sale con retraso.

Bus
Der Bus fährt mit Verspätung ab.

avión

avión *m* [a'bion]
Prefiero viajar en avión porque es más rápido.

Flugzeug
Mir ist es lieber, mit dem Flugzeug zu reisen, weil es schneller geht.

---

avisar *v* [abi'sar]
Avisa a tu madre de que llegarás más tarde.

benachrichtigen
Benachrichtige deine Mutter, dass du später kommst.

---

aviso *m* [a'biso]

No hemos escuchado completamente el aviso.

Ankündigung, Benachrichtigung, Durchsage
Wir haben die Durchsage nicht vollständig gehört.

---

aventura *f* [aben'tura]

Abenteuer

---

ayuda *f* [a'juda]
Necesito tu ayuda.

Hilfe
Ich brauche deine Hilfe.

---

ayudar *v* [aju'dar]
Te ayudo con mucho gusto.

helfen
Ich helfe dir gern.

---

ayuntamiento *m* [ajunta'miento]
¿Dónde está el ayuntamiento?

Rathaus
Wo ist das Rathaus?

---

azúcar *m* [a'θucar]

Zucker

---

azul *adj* [a'θul]
Tiene ojos azules.

blau
Er hat blaue Augen.

---

b

bailar *v* [bai'lar]
Esta noche vamos a bailar.

tanzen
Heute Abend gehen wir tanzen.

---

baile *m* ['baile]
¿Qué baile te gusta?

Tanz
Welcher Tanz gefällt dir?

---

bajo *adj* ['baxo]

niedrig, klein

---

balcón *m* [bal'kon]
Mi balcón da a la calle.

Balkon
Mein Balkon geht zur Straße hinaus.

---

balón *m* [ba'lon]
jugar al balón

Ball
Ball spielen

---

bálsamo *m* ['balsamo]

Balsam

bienaventurado

banco *m* ['baŋko]
El niño está sentado sobre el banco.

Bank
Das Kind sitzt auf der Bank.

bañador *m* [baɲa'dor]

Badeanzug

baño *m* ['baɲo]
El baño está ocupado.

Badezimmer, Toilette
Die Toilette ist besetzt.

bar *m* ['bar]
¿Tienes ganas de tomar algo en este bar?

Bar, Kneipe
Hast du Lust, etwas in dieser Kneipe zu trinken?

barato *adj* [ba'rato]
El alquiler de este piso es barato.
La ropa para niños no es barata.

billig, preiswert
Die Miete dieser Wohnung ist günstig.
Die Kinderkleidung ist nicht billig.

barco *m* ['barko]
Estamos en el barco de mi tío.

Schiff
Wir sind auf dem Schiff meines Onkels.

barrio *m* ['barrio]
En mi barrio hay muchos cafés.
En mi barrio vive gente joven.

Wohnviertel
In meinem Viertel gibt es viele Cafés.
In meinem Viertel wohnen junge Leute.

beber *v* [be'ber]
Bebo sólo agua.

trinken
Ich trinke nur Wasser.

bebida *f* [be'bida]
Aquí no se venden bebidas alcohólicas.

Getränk
Hier werden keine alkoholischen Getränke verkauft.

bello *adj* ['beʎo]
una mujer bella

schön
eine schöne Frau

besar *v* [be'sar]
La niña besa a su madre en la mejilla.

küssen
Das kleine Mädchen küsst ihre Mutter auf die Wange.

beso *m* ['beso]
¿Me das un beso?

Kuss
Gibst du mir einen Kuss?

bicicleta *f* [biθi'kleta]
¿Te gusta montar en bicicleta?

Fahrrad
Fährst du gern Fahrrad?

bien *adv* ['bien]
Para tantos kilómetros el coche está bastante bien.

gut
Für so viele Kilometer ist das Auto in einem ganz guten Zustand.

bienaventurado *adj* [bienabentu'rado]

(über)glücklich

 **bienvenida**

bienvenida *f* [bi̯enbeˈnida] *dar la bienvenida*	**Willkommen** *willkommen heißen*
billete *m* [biˈʎete] *Déme billetes y no monedas, por favor.* *Quiero un billete de ida y vuelta.*	**Geldschein, Ticket, Fahrkarte** *Geben Sie mir bitte Scheine und keine Münzen.* *Ich möchte eine Hin- und Rückfahrkarte.*
blanco *adj* [ˈblaŋko]	**weiß**
blusa *f* [ˈblusa] *Esta blusa de seda es grande.*	**Bluse** *Diese Seidenbluse ist groß.*
bocadillo *m* [bokaˈdiʎo] *Déme un bocadillo de atún, por favor.*	**belegtes Brötchen, Sandwich** *Geben Sie mir bitte ein Tunfischsandwich.*
bolígrafo *m* [boˈligrafo] *¿Tienes un bolígrafo?*	**Kugelschreiber** *Hast du einen Kugelschreiber?*
bolsa *f* [ˈbolsa]	**Tasche, Tüte, Sack, Beutel**
bolso *m* [ˈbolso] *¡Me robaron el bolso!*	**Handtasche** *Mir wurde die Handtasche gestohlen!*
bonito *adj* [boˈnito] *Esta falda es bonita.*	**hübsch, schön** *Dieser Rock ist schön.*
bota *f* [ˈbota] *botas de media caña*	**Stiefel** *Halbstiefel*
botella *f* [boˈteʎa] *una botella de agua/de vino tinto*	**Flasche** *eine Flasche Wasser/Rotwein*
bueno *adj* [ˈbu̯eno] *dar algo por bueno* *de buenas a primeras* *El libro es bueno de leer.*	**gut, lieb, freundlich** *etw gut heißen* *mir nichts, dir nichts* *Das Buch liest sich gut.*

info

Notieren Sie sich im Urlaub oder im Gespräch **Wörter**, die Ihnen neu und wichtig erscheinen! Sie können sie dann sofort nachschlagen und lernen!

bufanda *f* [buˈfanda]	**Schal**
bus *m* [ˈbus] *bajar del bus/subir al bus*	**Bus** *aussteigen/einsteigen*

camino

buscar *v* [bus'kar]
buscar una palabra en el diccionario

suchen, abholen, nachschlagen
ein Wort im Wörterbuch nachschlagen

C

cabeza *f* [ka'beθa]
Tengo dolor de cabeza.

Kopf
Ich habe Kopfschmerzen.

cada *adj* ['kada]
cada vez

jede(-r, -s)
jedes Mal

café *m* [ka'fe]
café con leche
café cortado
café sólo

Kaffee
Milchkaffee
Kaffee mit etwas Milch
Espresso

caja *f* ['kaxa]
Pague en la caja, por favor.

Kasse, Kiste, Schachtel
Zahlen Sie bitte an der Kasse.

caliente *adj* [ka'li̯ente]
La sopa está caliente.

heiß
Die Suppe ist heiß.

calor *m* [ka'lor]
En verano hace mucho calor.
¡Qué calor!

Hitze
Im Sommer ist es sehr heiß.
Was für eine Hitze!

calle *f* ['kaʎe]
¿En qué calle vives?

Straße
In welcher Straße wohnst du?

cama *f* ['kama]
ir a la cama

Bett
ins Bett gehen

cámara *f* ['kamara]
Me he comprado una cámara (fotográfica).

Fotoapparat
Ich habe mir einen Fotoapparat gekauft.

camarero *m* [kama'rero]
Camarero, la cuenta, por favor.

Kellner, Ober
Herr Ober, die Rechnung bitte.

cambiar *v* [kam'bi̯ar]

Hoy he comprado una chaqueta, pero es pequeña, tengo que cambiarla.
Tengo que cambiar dinero.

umtauschen, verändern, wechseln, umsteigen
Heute habe ich eine Jacke gekauft, aber sie ist zu klein, ich muss sie umtauschen.
Ich muss Geld wechseln.

camino *m* [ka'mino]
El camino de casa a la oficina.

Weg
Der Weg von zu Hause bis ins Büro.

 **camisa**

camisa *f* [kaˈmisa]	Hemd
cara *f* [ˈkara] *lavarse la cara*	Gesicht *sich das Gesicht waschen*
carácter *m* [kaˈrakter]	Charakter
carne *f* [ˈkarne] *carne de pollo*	Fleisch *Hühnerfleisch*
carnet *m* [karˈnet]	Ausweis
carta *f* [ˈkarta]	Brief
casa *f* [ˈkasa]	Haus
casado *adj* [kaˈsado] *Carlos está casado con una francesa.*	verheiratet *Carlos ist mit einer Französin verheiratet.*
casi *adv* [ˈkasi] *Casi hemos perdido el bus.*	fast *Wir haben den Bus fast verpasst.*
catedral *f* [kateˈdral]	Kathedrale
cena *f* [ˈθena]	Abendessen

> **info**
>
> Wussten Sie, dass in Spanien sowie in vielen anderen südlichen Ländern sehr spät zu Abend gegessen wird? Man isst meist erst zwischen 21.00 und 23.00 Uhr.

cerca *adv* [ˈθerka]	in der Nähe
cerrar *v* [θeˈrrar]	schließen, zumachen
cerveza *f* [θerˈbeθa]	Bier
cielo *m* [ˈθielo]	Himmel
cierto *adj* [ˈθierto] *por cierto*	gewiss, wahr *übrigens*
cigarrillo *m* [θigaˈrrillo]	Zigarette
cine *m* [ˈθine]	Kino
chocolate *m* [tʃokoˈlate]	Schokolade

completo

ciudad *f* [θiu'dad]
¿En que ciudad vives?

Stadt
In welcher Stadt wohnst du?

claro *adj, adv* ['klaro]

hell, natürlich, klar

cliente *m* ['kliente]
El cliente está satisfecho.

Kunde
Der Kunde ist zufrieden.

coche *m* ['kotʃe]
Mi coche tiene un seguro a todo riesgo.

Auto, Wagen
Mein Wagen hat eine Vollkasko-versicherung.

coger *v* [ko'xer]
¡Coge! Las galletas están muy buenas.

Si te aburres, coge un libro.

greifen, zugreifen, nehmen
Greif zu! Die Kekse schmecken sehr gut.
Wenn du dich langweilst, nimm dir ein Buch.

cola *f* ['kola]
hacer cola
ponerse en la cola

Schwanz, Warteschlange
Schlange stehen
sich anstellen

color *m* [ko'lor]
¿De qué color quiere el bolso?

Farbe
In welcher Farbe möchten Sie die Handtasche?

comenzar *v* [komen'θar]
La película ha comenzado.

beginnen, anfangen
Der Film hat begonnen.

comer *v* [ko'mer]
ser de buen comer

essen
ein starker Esser sein

comida *f* [ko'mida]
hacer la comida

Essen, Gericht
das Essen zubereiten

como *adv* [komo]
Te lo digo como amigo.
Trabaja como camarero.
Hablas como mi madre.

wie
Ich sage es dir als Freund.
Er arbeitet als Kellner.
Du sprichst wie meine Mutter.

cómodo *adj* ['komodo]
Los coches grandes son cómodos.

bequem
Große Autos sind bequem.

compañero *m* [kompa'ɲero]
compañeros de trabajo

Kamerad, Kollege
Arbeitskollegen

completo *adj* [kom'pleto]
Julio ha comprado la colección completa de monedas.

voll, vollständig, ganz
Julio hat die vollständige Münzsammlung gekauft.

 **comprar**

comprar *v* [kom'prar]
Compro el periódico sólo los domingos.

kaufen
Ich kaufe die Zeitung nur sonntags.

comprender *v* [kompren'der]
Mi abuela no nos comprende.

verstehen, begreifen
Meine Großmutter versteht uns nicht.

con *prep* [kon]
¿Con quién hablas?
Con este tiempo no podemos ir a pasear.

mit
Mit wem sprichst du?
Bei diesem Wetter können wir nicht spazieren gehen.

con frecuencia

oft

info

Suchen sie den Kontakt zu **Muttersprachlern**! Ob durch Brieffreundschaften oder über das Internet, trauen Sie sich zu kommunizieren! So lernen Sie am besten!

conducir *v* [kondu'θir]

Auto fahren

conocer *v* [kono'θer]
conocer de vista

kennen
vom Sehen kennen

conocido *adj, m* [kono'θido]
Este libro es conocido.

bekannt, Bekannter
Dieses Buch ist bekannt.

consejo *m* [kon'sexo]
consejo municipal
tomar consejo de

Rat
Gemeinderat
sich Rat holen von

contrario *adj, adv, m* [kon'trario]

entgegengesetzt, sonst, Gegenteil

Tú piensas lo contrario.
todo lo contrario

Du denkst das Gegenteil.
ganz im Gegenteil

corbata *f* [kor'bata]
Los empleados llevan normalmente corbata.

Krawatte
Die Angestellten tragen normalerweise eine Krawatte.

cordial *adj* [kor'dial]
una acogida cordial

herzlich
ein herzlicher Empfang

correcto *adj* [ko'rrekto]
La respuesta es correcta.
Él es correcto.

korrekt, richtig
Die Antwort ist richtig.
Er ist korrekt.

corregir *v* [korre'xir]

verbessern, korrigieren

chaqueta

correo *m* [ko'rreo]
Voy al correo, tengo que mandar un paquete a María.

Post
Ich gehe zur Post, ich muss María ein Paket schicken.

cosa *f* ['kosa]
Hay cosas que no entiendo.

Sache, Ding
Es gibt Dinge, die ich nicht verstehe.

costar *v* [kos'tar]
¿Cuánto cuesta esta falda?

kosten
Was kostet dieser Rock?

creer *v* [kre'er]
Creo que ella dice la verdad.
No le creo.

glauben
Ich glaube, dass sie die Wahrheit sagt.
Ich glaube ihm nicht.

¿cuál? *pron* ['kual]
¿Cuál de los dos es tu hermano?
¿Cuál te gusta más?

Welche(-r, -s)?
Welcher von beiden ist dein Bruder?
Welches gefällt dir besser?

¿cuándo? *adv* ['kuando]
¿Cuándo estás en casa?

Wann?
Wann bist du zu Hause?

¿cuánto? *pron* ['kuanto]
¿Cuánto es?
¿Cuántas veces?
¿Cuánto cuesta esta revista?

Wie viel?
Wie viel macht das?
Wie oft?
Wie viel kostet diese Zeitschrift?

cuchara *f* [ku'tʃara]
El niño aprende a comer con una cuchara.

Löffel
Das Kind lernt, mit einem Löffel zu essen.

cucharilla *f* [kutʃa'riʎa]

Teelöffel

cuchillo *m* [ku'tʃiʎo]

Messer

cumpleaños *m* [kumple'aɲos]
¿Cuándo es tu cumpleaños?
celebrar un cumpleaños

Geburtstag
Wann ist dein Geburtstag?
einen Geburtstag feiern

cuenta *f* ['kuenta]
pagar la cuenta
cuenta corriente
cuenta de ahorro

Rechnung, Konto
die Rechnung begleichen
Girokonto
Sparkonto

curso *m* ['kurso]
El curso empieza en octubre.

Unterricht
Der Unterricht beginnt im Oktober.

chaqueta *f* [tʃa'keta]
Ponte la chaqueta negra, te queda muy bien.

Jacke
Zieh deine schwarze Jacke an, sie steht dir sehr gut.

d

dar *v* ['dar]
Adela da un juguete a su hermano.

geben
Adela gibt ihrem Bruder ein Spielzeug.

de *prep* [de]
de pronto
de todas maneras
Él es el padre de Antonio.

von, aus
plötzlich
jedenfalls
Er ist Antonios Vater.

info

Aufgepasst! **de + el > del**   la casa del jefe (das Haus des Chefs)
              a + el > al   Van al cine. (Wir gehen ins Kino.)

debajo *adv* [de'baxo]
debajo de
El libro está debajo de la mesa.

unten
unter
Das Buch liegt unter dem Tisch.

decir *v* [de'θir]

sagen

delante *adv* [de'lante]
delante de

vorn
vor

delgado *adj* [del'gado]

dünn, schlank

demasiado *adj, adv* [dema'siado]

zu viel, allzu viel, zu

dentro *adv* ['dentro]
Rosa vendrá dentro de una semana.

in
Rosa kommt in einer Woche.

derecha *adj* [de'retʃa]
a la derecha

rechts
nach rechts

descansar *v* [deskan'sar]
Ha trabajado demasiado esta semana, tome unos días libres y descanse.

sich ausruhen, sich erholen
Sie haben in dieser Woche zu viel gearbeitet, nehmen Sie ein paar Tage frei und erholen Sie sich.

desgracia *f* [des'graθia]
por desgracia

Unglück
unglücklicherweise

desear *v* [dese'ar]
Deseamos comprar una casa.

wünschen, möchten
Wir möchten ein Haus kaufen.

duro

deseo *m* [de'seo]	Wunsch
desordenado *adj* [desorde'nado] ser desordenado	unordentlich *unordentlich sein*
despacio *adv (Am.)* [des'paθ<u>io</u>] *Habla despacio, estamos en una biblioteca.*	langsam, leise *Sprich leise, wir sind in einer Bibliothek.*
despedida *f* [despe'dida] *fiesta de despedida*	Abschied *Abschiedsfeier*
despedirse *v* [despe'dirse] *Nos hemos despedido en la estación.*	sich verabschieden *Wir haben uns am Bahnhof verabschiedet.*
despertar *v* [desper'tar] *despertarse*	aufwecken *aufwachen*
después *adv* [des'p<u>ue</u>s]	danach
detrás *adv* [de'tras]	dahinter, hinter
día *m* ['dia]	Tag
diferente *adj* [dife'rente]	verschieden
difícil *adj* [di'fiθil]	schwer
dinero *m* [di'nero]	Geld
dirección *f* [direk'θ<u>io</u>n] *¿Me das tu dirección?*	Adresse, Richtung *Gibst du mir deine Adresse?*
disculpa *f* [dis'kulpa]	Entschuldigung
disculpar *v* [diskul'par]	entschuldigen
¿dónde? *adv* ['donde] *¿De dónde es usted?* *¿Dónde se habrá enterado?*	Wo? *Woher kommen Sie?* *Woher weiß er/sie das wohl?*
dormir *v* [dor'mir]	schlafen
dulce *adj* ['dulθe]	süß
duro *adj* ['duro] *Lo contrario de duro es blando.* *Estoy contigo a las duras y las maduras.*	hart *Das Gegenteil von hart ist weich.* *Ich gehe mit dir durch dick und dünn.*

e

edad *f* [eˈdad]
mayor de edad

Alter
volljährig

edificio *m* [ediˈfiθio]

Gebäude

ejemplo *m* [eˈxemplo]
por ejemplo

Beispiel
zum Beispiel

el *art* [el]
el amigo/los amigos

der
der Freund/die Freunde

él *pron* [ˈel]
La carta es para él.

er, ihn
Der Brief ist für ihn.

elegante *adj* [eleˈgante]

elegant

ella *pron* [ˈeʎa]
Ella es actriz.
Es una llamada para ella.

sie
Sie ist Schauspielerin.
Das ist ein Anruf für sie.

empezar *v* [empeˈθar]

anfangen

empresa *f* [emˈpresa]

Firma, Unternehmen

en *prep* [en]
en alemán
en general
en seguida

in
auf Deutsch
im Allgemeinen
gleich/sofort

---

info

Lernen Sie die Wörter so oft wie möglich **mit Beispielsätzen**; so kennen Sie nicht nur die Bedeutung, sondern auch die Verwendung der Begriffe im Kontext.

---

encontrar *v* [enkonˈtrar]
La encuentro simpática.

treffen, finden
Ich finde sie nett.

enfrente *adv* [enˈfrente]
enfrente de
Nuestro hotel está enfrente del banco.

gegenüber
gegenüber
Unser Hotel befindet sich gegenüber der Bank.

ensalada *f* [ensaˈlada]

Salat

estación

entender *v* [enten'der]
Nosotros entendemos todo.
verstehen
Wir verstehen alles.

entonces *adv* [en'tonθes]
Yo quiero/tomo agua.
Entonces, una botella de agua.
dann, also
Ich möchte/trinke Wasser.
Also dann, eine Flasche Wasser.

entrada *f* [en'trada]
Tengo dos entradas.
Eingang, Vorspeise, Eintrittskarte
Ich habe zwei Eintrittskarten.

entrar *v* [en'trar]
eintreten, hineingehen

entre *prep* ['entre]
María está entre su madre y su padre.
zwischen, unter
María befindet sich zwischen ihrer Mutter und ihrem Vater.

esa *pron, adj* ['esa]
Esa blusa no me gusta.
diese da/dort
Diese Bluse da gefällt mir nicht.

escribir *v* [eskri'bir]
schreiben

escuchar *v* [esku'tʃar]
No hemos escuchado nada.
hören
Wir haben nichts gehört.

escuela *f* [es'kuela]
El niño ya va a la escuela.
Schule
Das Kind geht schon zur Schule.

ese *pron, adj* ['ese]
Ese niño es precioso.
dieser da/dort
Dieses Kind da ist wunderschön.

eso *pron, adj* ['eso]
¿Qué es eso?
das
Was ist das?

español *adj, m* [espa'ɲol]
Tengo un amigo español.
spanisch, Spanier
Ich habe einen spanischen Freund.

esperar *v* [espe'rar]
Óscar espera que le traigas muchos regalos.
warten, hoffen
Óscar hofft, dass du ihm viele Geschenke mitbringst.

esposo *m* [es'poso]
esposa
Su esposo no habla español.
Ehemann
Ehefrau
Ihr Ehemann spricht kein Spanisch.

esta *pron, adj* ['esta]
Esta casa es de mi madre.
diese
Dieses Haus gehört meiner Mutter.

estación *f* [esta'θion]
Estoy en la estación central.
Bahnhof, Jahreszeit
Ich bin am Hauptbahnhof.

 **estanco**

estanco *m* [es'taŋko] | **Tabak- und Briefmarkenladen**
En el estanco se pueden comprar cigarrillos. | *Im Tabakladen kann man Zigaretten kaufen.*

estar *v* [es'tar] | **sein, sich befinden, liegen, schmecken**
estar cansado | *müde sein*
¿Dónde está la universidad? | *Wo befindet sich die Universität?*
Esta paella está muy rica. | *Diese Paella schmeckt sehr lecker.*
Este vaso está sucio. | *Dieses Glas ist schmutzig.*

---

info

Ein paar nützliche Redewendungen mit dem Verb **estar**: **estar de más** (überflüssig sein), **estar enfadado** (sauer sein), **estar de servicio** (Dienst haben)

---

este *pron, adj* ['este] | **dieser**
Este cuaderno tiene páginas azules. | *Dieses Heft hat blaue Seiten.*

esto *pron, adj* ['esto] | **das**
¿Qué es esto? | *Was ist das?*

estudiante *m, f* [estu'diante] | **Schüler, Student**
Ellos son estudiantes franceses. | *Sie sind französische Studenten.*

estudiar *v* [estu'diar] | **studieren**
¿Estudiamos juntos? | *Wollen wir zusammen lernen?*
Estudio matemáticas en la universidad. | *Ich studiere Mathematik an der Universität.*

estúpido *adj* [es'tupido] | **dumm**
¡No seas estúpido! | *Sei nicht dumm!*

europeo *adj, m* [euro'peo] | **europäisch, Europäer**

excusa *f* [eks'kusa] | **Entschuldigung**
Has llegado tarde, ¿qué excusa tienes? | *Du bist spät gekommen, was für eine Entschuldigung hast du?*

éxito *m* ['eksito] | **Erfolg**
con éxito | *mit Erfolg/erfolgreich*
sin éxito | *erfolglos*
He tenido éxito en los estudios. | *Ich habe Erfolg im Studium gehabt.*

experiencia *f* [ekspe'rienθia] | **Erfahrung**
Buscamos una secretaria con experiencia. | *Wir suchen eine Sekretärin mit Erfahrung.*

feliz

explicación *f* [eksplika'θi̯on] — Erklärung

explicar *v* [ekspli'kar] — erklären
explicar algo con sus propias palabras
etw mit eigenen Worten erklären

extranjero *adj, m* [ekstran'xero] — fremd, Ausländer
aprender lenguas extranjeras
Fremdsprachen lernen

fábrica *f* ['fabrika] — Fabrik
fábrica de cerveza
Brauerei

fácil *adj* ['faθil] — einfach, leicht
Este ejercicio es muy fácil.
Diese Übung ist sehr einfach.

falda *f* ['falda] — Rock
falda larga/minifalda
langer Rock/Minirock

falso *adj* ['falso] — falsch, heuchlerisch

familia *f* [fa'milia] — Familie
Mi familia te manda saludos.
Meine Familie bestellt dir schöne Grüße.

famoso *adj* [fa'moso] — berühmt
¿Puedes nombrar a un escritor famoso?
Kannst du einen berühmten Schriftsteller nennen?

farmacia *f* [far'maθia] — Apotheke
En la farmacia se pueden comprar medicamentos.
In der Apotheke kann man Medikamente kaufen.

favor *m* [fa'bor] — Gefallen
hacer un favor
pedir un favor
einen Gefallen tun
um einen Gefallen bitten

felicitación *f* [feliθita'θi̯on] — Glückwunsch
Te mando mis mejores felicitaciones por tu cumpleaños.
Ich sende dir meine herzlichsten Glückwünsche zum Geburtstag.

felicitar *v* [feliθi'tar] — beglückwünschen
Vamos a felicitar a los novios.
Wir werden das Brautpaar beglückwünschen.

feliz *adj* [fe'liθ] — glücklich
Somos felices.
Wir sind glücklich.

feo

feo *adj* ['feo]	hässlich
fiesta *f* ['fiesta] 　dar una fiesta 　estar en una fiesta 　ir a una fiesta	Feier, Fest, Party 　*eine Party geben* 　*auf einer Party sein* 　*auf eine Party gehen*
fila *f* ['fila] 　Hay que hacer una fila.	Schlange, Reihe 　*Man muss Schlange stehen.*
filme *m* ['filme]	Film
fin *m* ['fin] 　el fin de semana	Ende 　*das Wochenende*
flor *f* ['flor] 　un ramo de flores	Blume 　*ein Blumenstrauß*

info

Die Endungen des Plurals sind: **-s** nach einem Vokal **casa > casas**
　　　　　　　　　　　　　　　-es nach einem Konsonant **flor > flores**

foto *f* ['foto] 　sacar una foto	Foto, Bild 　*fotografieren*
frase *f* ['frase]	Satz
frío *adj* ['frio] 　El café está frío. 　Hace frío.	kalt 　*Der Kaffee ist kalt.* 　*Es ist kalt.*
fruta *f* ['fruta] 　ensalada de frutas	Obst 　*Obstsalat*
fuerte *adj* ['fuerte]	kräftig, stark
fumar *v* [fu'mar] 　Prohibido fumar	rauchen 　*Rauchen verboten*

g

gabán *m* [ga'ban] 　gabán depiel 　gabán de entretiempo	Mantel 　*Pelzmantel* 　*Übergangsmantel*

hacer

gafas *pl* ['gafas] *gafas de sol*	Brille *Sonnenbrille*
gana *f* ['gana]	Lust
general *adj* [xene'ral]	allgemein, generell
gente *f* ['xente] *¿Cómo es la gente en tu país?*	Leute *Wie sind die Leute in deinem Land?*
gordo *adj* ['gordo]	dick
gracias *pl* ['graθias] *De nada./No hay de qué.*	danke *Nichts zu danken.*
grande *adj* ['grande]	groß
gris *adj* ['gris]	grau
grupo *m* ['grupo]	Gruppe
guapo *adj* ['guapo]	hübsch
gustar *v* [gus'tar] *Me gusta el helado.* *Me gusta viajar.*	gefallen, mögen, schmecken *Mir schmeckt das Eis.* *Ich reise gern.*
gusto *m* ['gusto] *Mucho gusto.*	Geschmack, Vergnügen *Angenehm./Sehr erfreut.*

h

haber *v* [a'ber] *hay* *Hay mucho tráfico.*	haben, sein *es gibt/da ist/da sind* *Es ist viel Verkehr.*
habitación *f* [abita'θion]	Zimmer
hablar *v* [a'blar] *hablar a gritos* *hablar por teléfono*	sprechen, reden *schreien* *telefonieren*
hacer *v* [a'θer] *Hace buen tiempo.* *Hace calor/frío.* *hace dos días*	machen, tun *Das Wetter ist schön.* *Es ist warm/heiß/kalt.* *vor zwei Tagen*

 **hambre**

hambre *f* ['ambre] *Hambruna*	**Hunger** *Heißhunger*
hasta *prep* ['asta] *¡Hasta luego!*	**bis** *Bis nacher!/Bis bald!*
helado *m* [e'lado] *helada*	**Eis** *Reif, Frost*
hermana *f* [er'mana]	**Schwester**
hermano *m* [er'mano] *José, Mario y Óscar son tus hermanos.* *María, Ana y Julio son mis hermanos.*	**Bruder** *José, Mario und Óscar sind deine Brüder.* *María, Ana und Julio sind meine Geschwister.*

info

Aufgepasst! **hermanos** bedeutet **Brüder** aber auch **Geschwister**

hermoso *adj* [er'moso] *Angélica es una mujer hermosa.*	**schön** *Angélica ist eine schöne Frau.*
hija *f* ['ixa] *La hija mayor es enfermera.*	**Tochter** *Die älteste Tochter ist Krankenschwester.*
hijo *m* ['ixo]	**Sohn**
hogar *m* [o'gar]	**Herd**
hombre *m* ['ombre] *El hombre tiene cinco sentidos.* *Ese hombre es feo.*	**Mann, Mensch** *Der Mensch hat fünf Sinne.* *Dieser Mann ist hässlich.*
hora *f* ['ora] *¿Qué hora es?* *Son las siete y media.* *Es la una en punto.* *¿Tiene hora?*	**Stunde, Uhr, Zeit** *Wie spät ist es?* *Es ist halb acht.* *Es ist genau ein Uhr.* *Wissen Sie, wie spät es ist?*
hotel *m* [o'tel] *reservar una habitación en el hotel*	**Hotel** *ein Zimmer im Hotel reservieren*
hoy *adv* ['oj]	**heute**
huevo *m* ['uebo]	**Ei**

i

idea *f* [i'dea]
No tengo ni idea.
Tienes buenas ideas.

Idee, Gedanke
Ich habe keine Ahnung.
Du hast gute Ideen.

igual *adj* [i'gual]
Estas partes no son iguales.

gleich
Diese Teile sind nicht gleich.

importante *adj* [impor'tante]
Es un hombre importante.

wichtig, bedeutend
Er ist ein bedeutender Mann.

instante *m* [ins'tante]
Un instante, por favor.

Augenblick
Einen Augenblick, bitte.

invierno *m* [im'bierno]

Winter

invitación *f* [imbita'θion]

Einladung

invitar *v* [imbi'tar]
Mis padres me han invitado a comer.

einladen
Meine Eltern haben mich zum Essen eingeladen.

ir *v* ['ir]
Ella va a viajar.
ir a pie, ir en coche/tren/bus

Mis amigos van de vacaciones a Paris.

gehen, kommen
Sie wird verreisen.
zu Fuß gehen, mit dem Auto/Zug/Bus fahren
Meine Freunde fahren nach Paris in Urlaub.

irregular *adj* [irregu'lar]

unregelmäßig

izquierda *f*, *adj* [iθ'kierda]
a la izquierda/la izquierda

Linke, links
links/die Linke

j/k

jamás *adv* [xa'mas]

nie, niemals

jamón *m* [xa'mon]
Déme un sándwich de jamón y queso, por favor.

Schinken
Geben Sie mir bitte ein Sandwich mit Schinken und Käse.

 **joven**

joven *adj, m* ['xoven]
¿Tiene hora, joven?

Ya no soy joven.

jung, junger Mann
Können Sie mir sagen, wie spät es ist, junger Mann?
Ich bin nicht mehr jung.

kilo *m* ['kilo]

Kilo

la *art, pron* [la]
la flor
Sí, la tengo.

die, sie
die Blume
Ja, ich habe sie.

lamentablemente *adv* [lamen'table'mente]
Lamentablemente no puedo ayudarte.

leider, bedauerlicherweise
Leider kann ich dir nicht helfen.

largo *adj* ['largo]

lang

latinoamericano *adj, m* [latinoameri'kano]

lateinamerikanisch, Lateinamerikaner

le *pron* [le]
Ella le escribe una carta.
¿Ves a Julio? Sí, le/lo veo.

ihm, ihr, Ihnen, ihn
Sie schreibt ihm einen Brief.
Siehst du Julio? Ja, ich sehe ihn.

leche *f* ['letʃe]
leche desnatada/leche entera

Milch
fettarme Milch/Vollmilch

lechuga *f* [le'tʃuga]
Quiero una lechuga de queso y tomates.

Kopfsalat
Ich möchte einen Kopfsalat mit Käse und Tomaten.

leer *v* [le'er]

lesen

lejos *adv* ['lexos]
lejos de

weit
weit weg

lengua *f* ['lengua]
lengua materna

Sprache
Muttersprache

lento *adj* ['lento]
Conduce más lento, por favor.

langsam
Fahr bitte langsamer.

letra *f* ['letra]
¿Cuántas letras tiene tu nombre?

Buchstabe
Wie viele Buchstaben hat dein Name?

mal

libra *f* ['libra]

Pfund

librería *f* [libre'ria]
El proprietario de la librería es un amigo.

Buchhandlung
Der Besitzer der Buchhandlung ist ein Freund.

libro *m* ['libro]
He sacado un libro de la biblioteca.

libro de cocina
los libros sagrados

Buch
Ich habe mir ein Buch aus der Bibliothek ausgeliehen.
Kochbuch
Bibel

lindo *adj* (Am.) ['lindo]

hübsch, niedlich, süß

llamar *v* [ʎa'mar]
llamar un taxi
Te llamo (por teléfono).

aufrufen, nennen, anrufen
ein Taxi rufen
Ich rufe dich an.

llamarse *v* [ʎa'marse]

heißen

info

Lernen Sie Vokabeln, indem Sie sie **laut sprechen**. So prägen Sie sich Aussprache und Betonung des Wortes leichter ein.

lleno *adj* ['ʎeno]
lleno de

voll
voll mit

lo *art, pron* [lo]
¿Quién tiene el vino? Lo tengo yo.

das, ihn
Wer hat den Wein? Ich habe ihn.

lluvia *f* ['ʎubia]
lluvioso

Regen
regnerisch

madre *f* ['madre]
¡Madre mia!
madre de leche

Mutter
Oh, mein Gott!
Amme

maíz *m* [ma'iθ]

Mais

mal *adj, adv* ['mal]
Ése es un mal ejemplo.
el mal tiempo

schlecht, falsch
Das ist ein schlechtes Beispiel.
das schlechte Wetter

malo

malo *adj* [ˈmalo]	schlecht, böse
mamá *f* [maˈma]	Mutti, Mama
manera *f* [maˈnera] *de ninguna manera*	Art und Weise *auf keinen Fall*
mano *f* [ˈmano] *a manos de alguien*	Hand *zu Händen von jdm*
mantequilla *f* [manteˈkiʎa]	Butter
manzana *f* [manˈθana]	Apfel
mañana *f* [maˈɲana] *¡Hasta mañana!*	Morgen, Vormittag, morgen *Bis morgen!*
máquina *f* [ˈmakina]	Maschine
marido *m* [maˈrido] *Mi marido siempre está ocupado.*	Mann, Ehemann *Mein Mann ist immer beschäftigt.*
más *adv* [ˈmas] *Julio es más grande que Carlos.* *más o menos*	mehr *Julio ist größer als Carlos.* *mehr oder weniger*
matrimonio *m* [matriˈmonio]	Ehe
mayor *adj* [maˈjor] *Soy mayor de edad.*	älter, größer *Ich bin volljährig.*
mayoría *f* [majoˈria] *Tenemos el apoyo de la mayoría.*	Mehrheit *Wir haben die Unterstützung der Mehrheit.*
me *pron* [me] *Él no me ve.* *Ella me escribe.*	mir, mich *Er sieht mich nicht.* *Sie schreibt mir.*
memoria *f* [meˈmoria] *tener buena/mala memoria*	Gedächtnis *ein gutes/schlechtes Gedächtnis haben*
memorizar *v* [memoriˈθar] *Tenemos que memorizar el vocabulario.*	auswendig lernen *Wir müssen den Wortschatz auswendig lernen.*
menos *adv* [ˈmenos] *El bus es menos cómodo que el coche.* *por lo menos*	weniger, außer *Der Bus ist weniger bequem als das Auto.* *mindestens/wenigstens*

muy

mercado *m* [merˈkado] *En el mercado se puede comprar fruta.*	**Markt** *Auf dem Markt kann man Obst kaufen.*
mes *m* [ˈmes] *a principios del mes*	**Monat** *Anfang des Monats*
mesa *f* [ˈmesa] *poner la mesa* *sentarse a la mesa*	**Tisch** *den Tisch decken* *sich zu Tisch setzen*
meter *v* [meˈter] *Mete la llave en mi bolso.* *Mete la ropa, que va a llover.*	**stecken, hineinbringen** *Stecke den Schlüssel in meine Handtasche.* *Bring die Wäsche hinein, es wird regnen.*
mi *pron* [mi] *Mi madre y mi padre son de Madrid.*	**mein, meine** *Meine Mutter und mein Vater kommen aus Madrid.*
minoría *f* [minoˈria] *Una minoría estaba en contra.*	**Minderheit** *Eine Minderheit war dagegen.*
minuto *m* [miˈnuto]	**Minute**
momento *m* [moˈmento] *Un momento, por favor.*	**Moment, Augenblick** *Einen Moment, bitte.*
mostaza *f* [mosˈtaθa]	**Senf**
mostrar *v* [mosˈtrar] *Nos ha mostrado fotos de su infancia.*	**zeigen** *Er hat uns Bilder von seiner Kindheit gezeigt.*
mucho *adj, adv* [ˈmutʃo] *Esa casa me gusta muchísimo.* *muchas veces* *tener en mucho*	**viel, sehr** *Dieses Haus gefällt mir sehr gut.* *vielmals/oft* *hoch schätzen*
mujer *f* [muˈxer] *Mi mujer se llama Gloria.*	**Frau, Ehefrau** *Meine Frau heißt Gloria.*
museo *m* [muˈseo]	**Museum**
música *f* [ˈmusika]	**Musik**
muy *adv* [ˈmui] *Estamos muy bien.* *Estoy muy contento.* *Llamaron muy tarde.*	**sehr** *Uns geht es sehr gut.* *Ich bin sehr froh.* *Sie riefen sehr spät an.*

n

nacionalidad *f* [naθionali'dad]

¿Qué nacionalidad tienes?
Tenemos la nacionalidad italiana.

Nationalität, Staatsangehörigkeit
Welche Staatsangehörigkeit hast du?
Wir haben die italienische Staatsangehörigkeit.

---

nada *pron, adv* ['nada]
¡De nada!
No entiendo nada.

nichts
Bitte sehr!/Keine Ursache!
Ich verstehe nichts.

---

nadie *pron* ['nadie]
No contesta nadie.
No hay nadie en (la) casa.

niemand
Niemand meldet sich.
Niemand ist zu Hause.

---

naranja *f* [na'ranxa]
La naranja tiene vitamina C.
pelar una naranja
Tomo un zumo/jugo de naranja.

Orange
Die Orange hat Vitamin C.
eine Orange schälen
Ich trinke einen Orangensaft.

---

negro *adj* ['negro]
el negro

schwarz
das Schwarz

---

nervioso *adj* [ner'bioso]
Tengo una cita con Marta y estoy muy nervioso.

nervös, unruhig
Ich habe eine Verabredung mit Marta und ich bin sehr nervös.

---

nevera *f* [ne'bera]
Mete la leche en la nevera.
Saca la mantequilla de la nevera.

Kühlschrank
Stelle die Milch in den Kühlschrank.
Hole die Butter aus dem Kühlschrank.

---

ningún *adj* [nin'gun]
No he comprado ningún libro.
ninguno
Ninguno quiere venir.

kein
Ich habe kein Buch gekauft.
kein
Keiner will mitkommen.

---

niña *f* ['niɲa]

Mädchen

---

niño *m* ['niɲo]

Kind, Junge

---

no *adv* ['no]
No tengo hermanos.

nein, nicht, kein
Ich habe keine Geschwister.

---

noche *f* ['notʃe]

Nacht, Abend

---

nombre *m* ['nombre]

Vorname, Name

otoño

nos *pron* [nos]
¿Nos encontramos a las 8.00 de la noche?

uns
Treffen wir uns um 8.00 Uhr abends?

nosotros *pron* [no'sotros]
Las flores son para nosotros.
Nosotros vamos a pasear.

wir, uns
Die Blumen sind für uns.
Wir gehen spazieren.

noticia *f* [no'tiθia]
No tenemos noticias de nuestros abuelos.
Hemos recibido una buena noticia.

Nachricht
Wir haben keine Nachricht von unseren Großeltern.
Wir haben eine gute Nachricht bekommen.

novio *m* ['nobio]
María tiene su primer novio.

Freund, Bräutigam
María hat ihren ersten Freund.

nuestro(-a) *pron, adj* ['nuestro]
Nuestra casa es grande.

unser(e)
Unser Haus ist groß.

nuevo *adj* ['nuebo]
de nuevo

neu
nochmals

número *m* ['numero]
Me he equivocado al marcar el número.
número de teléfono

Zahl, Nummer
Ich habe mich verwählt.
Telefonnummer

nunca *adv* ['nunka]
Nunca he visto la nieve.

nie, niemals
Ich habe noch nie Schnee gesehen.

objeto *m* [ob'xeto]
En esta tienda hay objetos raros.

Objekt, Sache, Gegenstand
In diesem Laden gibt es merkwürdige Sachen.

oficina *f* [ofi'θina]

Büro

optimista *adj, m, f* [opti'mista]
Hay que ser optimista.

optimistisch, Optimist
Man muss optimistisch sein.

orden *m* ['orden]

Ordnung, Reihenfolge

os *pron* [os]
Os hemos llamado esta tarde.

euch
Wir haben euch heute Nachmittag angerufen.

otoño *m* [o'toɲo]

Herbst

otro

otro *adj* ['otro]
- Este vaso está sucio, quiero otro.
- Otra botella de vino tinto, por favor.

ein(-e) andere(-r, -s), noch eine(-r, -s)
- Dieses Glas ist schmutzig, ich möchte ein anderes.
- Noch eine Flasche Rotwein bitte.

> **info**
> **u** ersetzt **o** (oder) wenn das folgende Wort mit **o** bzw. **ho** beginnt:
> cinco **u** ocho (fünf oder acht), inglesa **u** holandesa (englisch oder holländisch)

p/q

paciencia *f* [pa'θi̯enθi̯a]
No tengo paciencia.

Geduld
Ich habe keine Geduld.

---

padre *m* ['padre]

Vater

---

paella *f* [pa'eʎa]
La paella se hace con arroz, carne, mariscos y otros ingredientes.

Paella
Die Paella wird aus Reis, Fleisch, Meeresfrüchten und anderen Zutaten zubereitet.

---

pagar *v* [pa'gar]
pagar al contado/en efectivo

bezahlen
bar zahlen

---

país *m* [pa'is]

Land

---

palabra *f* [pa'labra]
dar la palabra
en pocas palabras

Wort
das Wort geben
mit wenigen Worten

---

pan *m* ['pan]
pan con mantequilla

Brot
Butterbrot

---

pantalón *m* [panta'lon]
No he planchado mi pantalón.

Hose
Ich habe meine Hose nicht gebügelt.

---

papá *m* [pa'pa]

Vater, Vati

---

para *prep* ['para]
Este libro es para Gloria.

für, um ... zu
Dieses Buch ist für Gloria.

---

parque *m* ['parke]

Park

preguntar

paseo *m* [pa'seo] *dar un paseo*	Spaziergang *einen Spaziergang machen*
patata *f* [pa'tata]	Kartoffel
pedazo *m* [pe'daθo] *¿Quieres un pedazo de torta?*	Stück *Möchtest du ein Stück Kuchen?*
pensar *v* [pen'sar] *Piensa en ti.*	denken *Ich denke an dich.*
pequeño *adj* [pe'keɲo]	klein
pero *konj* ['pero]	aber
pie *m* ['pie]	Fuß
placer *m* [pla'θer] *con sumo placer*	Vergnügen, Freude *mit großem Vergnügen*
plan *m* ['plan]	Plan
plato *m* ['plato] *El plato se rompió.*	Teller *Der Teller zerbrach.*
playa *f* ['plaja] *Me gusta tomar el sol en la playa.*	Strand *Ich sonne mich gern am Strand.*
plaza *f* ['plaθa] *En la plaza hay niños.*	Platz *Auf dem Platz sind Kinder.*
poco *adj* ['poko] *poco a poco*	wenig, bisschen, etwas *schrittweise*
poder *v* [po'der]	können
por *prep* ['por]	durch, wegen, über, für
porque *konj* [porke]	weil, denn
precio *m* ['preθio] *precio al contado*	Preis *Nettopreis*
pregunta *f* [pre'gunta] *Él hace muchas preguntas.* *Tengo una pregunta.*	Frage *Er stellt viele Fragen.* *Ich habe eine Frage.*
preguntar *v* [pregun'tar] *Alguien ha preguntado por ella.*	fragen *Jemand hat nach ihr gefragt.*

presentar

presentar *v* [presen'tar]
¿Me permite presentarle a mi sobrina?

vorstellen
Darf ich Ihnen meine Nichte vorstellen?

---

presente *m* [pre'sente]
¡presente!
El presente es más importante que el pasado.

Präsens, Gegenwart
Hier!
Die Gegenwart ist wichtiger als die Vergangenheit.

---

primavera *f* [prima'bera]
La primavera nos trae esperanza.

Frühling
Der Frühling bringt uns Hoffnung.

---

principiante *m, f* [princi'pi̱ante]
Los principiantes se sentían inseguros.
un curso para principiantes

Anfänger(in)
Die Anfänger fühlten sich unsicher.
ein Anfängerkurs

---

principio *m* [prin'θipi̱o]
desde un principio
Al principio no entendía nada.
El principio de esta historia es romántico.

Anfang
von Anfang an
Am Anfang verstand ich nichts.
Der Anfang dieser Geschichte ist romantisch.

---

problema *m* [pro'blema]
tener problemas
resolver un problema

Problem
Probleme haben
ein Problem lösen

---

profesión *f* [profe'si̱on]
profesión de fe

Beruf
Glaubensbekenntnis

---

profesor *m* [profe'sor]
El profesor es estricto.

Lehrer
Der Lehrer ist streng.

---

próximo *adj* ['proksimo]
El metro más próximo, por favor.
La próxima semana tenemos visita.

nächste(-r, -s)
Die allernächste U-Bahn bitte.
Nächste Woche haben wir Besuch.

---

público *adj, m* ['publiko]
colegio público
El público se impacientaba.

öffentlich, Publikum
staatliche Schule
Das Publikum wurde ungeduldig.

---

puerta *f* ['pu̱erta]
puerta falsa

Tür
Hintertür

---

pues *konj* [pu̱es]
Pues, regular.

denn, nun ja
Nun ja, einigermaßen.

---

qué *pron* ['ke]
¡Qué aproveche!
¿Qué es eso?
¿Qué estás haciendo?

was, welche(-r, -s)
Guten Appetit!
Was ist das?
Was machst du gerade?

respuesta

querer *v* [ke'rer]
   Ella no quiere a sus padres.
   Quiero un helado.

wollen, mögen, lieben, wünschen
   Sie liebt ihre Eltern nicht.
   Ich möchte ein Eis.

queso *m* ['keso]

Käse

info

Schreiben Sie die gelernten Vokabeln auch **einmal auf**, indem Sie die spanische Seite mit einem Blatt abdecken. Die schwierigen Wörter können Sie markieren und gesondert lernen!

¿quién? *pron* ['kien]
   ¿A quién?
   ¿De quién?
   ¿Quiénes son esas señoras?

Wer?
   Wen/Wem?
   Wessen?
   Wer sind diese Damen?

quiosco *m* ['kiosko]

Kiosk

quizá *adv* [ki'θa]
   Quizá/Quizás venga hoy.

vielleicht
   Vielleicht kommt er heute.

r/s

radio *f* ['rradio]

Radio

rápido *adj* ['rrapido]

schnell

regalo *m* [rre'galo]
   abrir un regalo
   hacer un regalo
   Es un regalo.

Geschenk
   ein Geschenk auspacken
   jdm etw schenken
   Es ist herrlich.

reloj *m* [rre'lox]
   Mi reloj está atrasado.

Uhr
   Meine Uhr geht nach.

repetir *v* [rrepe'tir]
   ¿Puede repetir, por favor?

wiederholen
   Können Sie das bitte wiederholen?

responder *v* [rrespon'der]
   El hombre llamó varias veces pero nadie le respondió.

antworten, beantworten
   Der Mann rief mehrmals, aber niemand antwortete ihm.

respuesta *f* [rres'puesta]
   dar la respuesta

Antwort
   die Antwort geben

 **restaurante**

restaurante *m* [rrestau'rante]
hacer una reservación en un restaurante

Restaurant
eine Reservierung in einem Restaurant machen

rico *adj* ['rriko]
Ese señor es rico.
La paella está rica.

reich, lecker
Dieser Herr ist reich.
Die Paella ist lecker.

río *m* ['rrio]

Fluss

rojo *adj* ['rroxo]

rot

ropa *f* ['rropa]

Kleidung, Wäsche

rubio *adj* ['rrubio]

blond

ruido *m* ['rruido]
hacer ruido

Lärm, Geräusch
Lärm machen

saber *v* [sa'ber]
¿Sabes tocar guitarra?

wissen, können, erfahren
Kannst du Gitarre spielen?

sal *f* ['sal]
Le falta sal a la sopa.

Salz
Der Suppe fehlt Salz.

salida *f* [sa'lida]

Ausgang, Ausfahrt, Abflug

salir *v* [sa'lir]
Esta tarde hemos salido con amigos.

ausgehen, hinausgehen
Heute Nachmittag sind wir mit Freunden ausgegangen.

salón *m* [sa'lon]
En el salón te esperan mis padres.

La celebración tiene lugar en el salón del hotel.

Wohnzimmer, Saal
Im Wohnzimmer warten meine Eltern auf dich.
Die Feier findet im Saal des Hotels statt.

salsa *f* ['salsa]

Soße

salud *f* [sa'lud]
Lo más importante es la salud.
¡Salud!

Gesundheit
Das Wichtigste ist die Gesundheit.
Prost!/Gesundheit!

se *pron* [se]
En este restaurante se puede comer bien.

Yo se lo dije (a usted/a ella/a él).

man, sich, Ihnen, ihr, ihm
In diesem Restaurant kann man gut essen.
Ich habe es Ihnen/ihr/ihm gesagt.

secretaria *f* [sekre'taria]

Sekretärin

significado

sed *f* ['sed]
tener sed

Durst
Durst haben

seguro *adj, m* [se'guro]
Estoy segura de que aprobarás el examen.
Nadie contesta, seguro que han salido.

sicher, Versicherung
Ich bin sicher, dass du die Prüfung bestehen wirst.
Niemand meldet sich, sie sind sicher ausgegangen.

sello *m* ['seʎo]

Briefmarke, Stempel

semana *f* [se'mana]
fin de semana

Woche
Wochenende

sentir *v* [sen'tir]
Lo siento.
Siento mucho amor por Óscar.

fühlen, empfinden, spüren
Es tut mir Leid.
Ich empfinde große Zuneigung für Óscar.

señor *m* [se'ɲor]
El señor Siles esta hablando por teléfono.

Herr
Herr Siles telefoniert gerade.

señora *f* [se'ɲora]

Frau, Dame

señorita *f* [seɲo'rita]

Fräulein, junge Frau

ser *v* ['ser]
Soy Julio.
Soy secretaria.

sein
Ich bin Julio.
Ich bin Sekretärin.

serio *adj* ['serio]
Es una persona seria.
No lo tomes en serio, por favor.

ernst
Er ist eine ernste Person.
Nimm das bitte nicht ernst.

servicio *m* [ser'biθio]
El servicio de señoras está ocupado.

Toilette, Dienst, Bedienung
Die Damentoilette ist besetzt.

servir *v* [ser'bir]
En este restaurante sirven bien.

bedienen, dienen
In diesem Restaurant wird man gut bedient.

sí *adv, pron* ['si]
¡Claro que sí!

ja, sich
Selbstverständlich!

siempre *adv* ['siempre]
Siempre te enfadas rápido.

immer
Du ärgerst dich immer schnell.

significado *m* [signifi'kado]
No entiendo el significado de esta palabra.

Bedeutung
Ich verstehe die Bedeutung dieses Wortes nicht.

 **significar**

significar v [signifi'kar]
¿Qué significa „calle"?

bedeuten
Was bedeutet „calle"?

siguiente adj [si'giente]
El siguiente, por favor.

nächst, folgend
Der Nächste, bitte.

silla f ['siʎa]

Stuhl

simpático adj [sim'patiko]
Es un hombre simpático, ¿verdad?

sympathisch, nett
Er ist ein netter Mann, nicht wahr?

simple adj ['simple]
El trabajo es simple.

einfach
Die Arbeit ist einfach.

sin prep [sin]
sin embargo

ohne
trotzdem

sino konj [sino]
No es mi novio, sino mi hermano.

sondern
Er ist nicht mein Freund, sondern mein Bruder.

sobre m ['sobre]

Briefumschlag

sobre prep ['sobre]
El regalo está sobre la mesa.

auf
Das Geschenk liegt auf dem Tisch.

sofá m [so'fa]
sofá cama

Sofa
Schlafsofa

sol m ['sol]
El sol brilla.
tomar el sol

Sonne
Die Sonne scheint.
sich sonnen

solamente adv ['sola'mente]

nur

solo adj ['solo]

allein, einsam

solución f [solu'θion]
buscar la solución/tener la solución

Lösung
die Lösung suchen/die Lösung haben

su pron, adj [su]
¿Su esposa también viene?

sein, seine, ihr, ihre, Ihr, Ihre
Ihre Frau kommt auch?

sucio adj ['suθio]

schmutzig, dreckig

suerte f ['suerte]

Glück

sufrir v [su'frir]
sufrir de

ertragen
leiden an

tienda

t

también *adv* [tam'bien]	auch
tampoco *adv* [tam'poko]	auch nicht
tarde *f* ['tarde] *Esta tarde nos quedamos en casa.*	Nachmittag, Abend *Heute Nachmittag bleiben wir zu Hause.*

info

Der **Nachmittag** beginnt in Spanien nach dem Mittagessen. Das heißt, zur Begrüßung sagt man ab ca. 14.00 bis ungefähr 21.00 Uhr **¡Buenas tardes!**

té *m* ['te]	Tee
te *pron* [te] *Te he escrito una postal.*	dich, dir *Ich habe dir eine Postkarte geschrieben.*
teatro *m* [te'atro]	Theater, Bühne
televisión *f* [telebi'sion]	Fernseher
teléfono *m* [te'lefono] *teléfono móvil/celular*	Telefon *Handy*
temprano *adj, adv* [tem'prano]	früh
tener *v* [te'ner]	haben, besitzen
terminar *v* [termi'nar]	beenden, enden
test *m* ['test] *No he aprobado el test.*	Test *Ich habe den Test nicht bestanden.*
texto *m* ['teksto]	Text
ticket *m* ['tiket]	Ticket, Zettel
tiempo *m* ['tiempo] *Hace buen tiempo.* *llegar a tiempo*	Zeit, Wetter *Das Wetter ist schön.* *rechtzeitig ankommen*
tienda *f* ['tienda] *Buscan una vendedora en esta tienda.*	Geschäft, Laden *In diesem Laden/Geschäft wird eine Verkäuferin gesucht.*

todo

todo *adj* ['todo] *todos los días*	alle, alles, ganz *täglich*
tomar *v* (Am.) [to'mar] *Yo tomo un jugo de manzana.*	nehmen, trinken *Ich trinke einen Apfelsaft.*
trabajar *v* [traba'xar] *Trabajo en una empresa internacional.*	arbeiten *Ich arbeite bei einer internationalen Firma.*
trabajo *m* [tra'baxo]	Arbeit
traer *v* [tra'er]	bringen, mitbringen
tranquilo *adj* [tran'kilo]	ruhig, leise
tren *m* ['tren]	Zug
triste *adj* ['triste] *ponerse triste*	traurig *traurig werden*
tu *pron* [tu]	dein, deine
tú *pron* ['tu] *tratar de tú/tutear*	du *duzen*
turista *m, f* [tu'rista]	Tourist(in)

un(-a) *art* ['un] *un libro interesante* *una mujer amable* *unos(-as)* *Hay unas cuarenta personas en el salón.*	ein, eine *ein interessantes Buch* *eine freundliche Frau* *einige/ungefähr* *Ungefähr vierzig Personen befinden sich im Saal.*
único *adj* ['uniko] *Es el único ejemplar que tenemos.*	einzig, einzigartig, einmalig *Das ist das einzige Exemplar, das wir haben.*
universidad *f* [uniβersi'dad]	Universität
universitario *m* [uniβersi'tario]	Student
una(-o) *pron* ['una] *Coge una.*	eine(-r), eins *Nimm dir eine.*

viejo

urgente *adj* [ur'xente]	dringend, eilig
usar *v* [u'sar]	gebrauchen, verwenden
usted *pron* [us'ted] *¿Cómo está usted, señora Paredes?* *tratar de usted*	Sie, Ihnen *Wie geht es Ihnen, Frau Paredes?* *siezen*
útil *adj* ['util] *consejos útiles*	nützlich, brauchbar *nützliche Ratschläge*
utilizar *v* [utili'θar]	benutzen

V

vale *m* ['bale]	Gutschein
vaso *m* ['baso] *vaso de papel*	Glas *Pappbecher*
vender *v* [ben'der]	verkaufen
venir *v* [be'nir] *¿Vienes conmigo?*	kommen *Kommst du mit?*
ver *v* ['ver] *¿Has visto a Paola?* *No veo nada.*	sehen *Hast du Paola gesehen?* *Ich sehe nichts.*
verano *m* [be'rano]	Sommer
verdad *f* [ber'dad] *Te he dicho la verdad.*	Wahrheit *Ich habe dir die Wahrheit gesagt.*
verde *adj* ['berde]	grün
vez *f* ['beθ] *a veces* *cada vez*	Mal *gelegentlich/manchmal* *jedes Mal*
viaje *m* ['bi<u>a</u>xe] *viaje de negocios*	Reise, Fahrt *Geschäftsreise*
vida *f* ['bida] *vida intima*	Leben *Privatleben*
viejo *adj* ['bi<u>e</u>xo]	alt

vino

vino *m* ['bino]
vino blanco/vino rosado/vino tinto
vinoso

Wein
Weißwein/Rosé/Rotwein
weinrot

vivir *v* [bi'bir]

leben, wohnen

vosotros(-as) *pron* [bo'sotros]
Esto es para vosotros.

ihr, euch
Das ist für euch.

voz *f* ['boθ]

Stimme

vuestro(-a) *pron, adj* ['bu̲e̲stro]
Vuestra madre cocina bien.

euer, eure
Eure Mutter kocht gut.

y/z

info

Wechseln Sie gelegentlich den **Ort** und die **Form des Lernens**! Manche lernen beim Bügeln oder Spazierengehen leichter als am Schreibtisch.

y *konj* [i]
Julio y Carlos son amigos.

und
Julio und Carlos sind Freunde.

ya *adv* ['ja]
ya no

bereits, schon
nicht mehr

yo *pron* ['jo]

ich

zapatilla *f* [θapa'tiʎa]
zapatilla de baño

Hausschuh
Badeschuh

zapato *m* [θa'pato]
ponerse los zapatos
sacarse los zapatos

Schuh
sich die Schuhe anziehen
sich die Schuhe ausziehen

zumo *m* ['θumo]

Saft

a

abandonar *v* [abando'nar]
Mario ha abandonado a su mujer.

verlassen, aufgeben
Mario hat seine Frau verlassen.

absurdo *adj* [ab'surdo]

sinnlos, absurd

abusar *v* [abu'sar]
abusar de algo/de alguien

missbrauchen
etw/jdn missbrauchen

acabar *v* [aca'bar]
Acabo de comer.

beenden, vollenden
Ich habe gerade/soeben gegessen.

accidente *m* [akθi'dente]
accidente de coche
accidente grave

Unfall
Autounfall
schwerer Unfall

acción *f* [ak'θion]

Handlung, Tat

acerca (de) *prep* [a'θerka]
¿Qué puedes contar acerca de Carlos?

bezüglich, in Bezug auf, über
Was kannst du bezüglich Carlos erzählen?

aconsejar *v* [akonse'xar]
Te aconsejo que compres este coche.

empfehlen, beraten
Ich empfehle dir, dieses Auto zu kaufen.

acordarse *v* [akor'darse]
¿Te acuerdas de mi amiga?

sich erinnern
Erinnerst du dich an meine Freundin?

acostarse *v* [akos'tarse]
Generalmente nos acostamos a media noche.

sich hinlegen, ins Bett gehen
Normalerweise gehen wir um Mitternacht ins Bett.

acostumbrarse *v* [akostum'brarse]
¿Te has acostumbrado al clima de nuestro país?

sich gewöhnen
Hast du dich an das Wetter unseres Landes gewöhnt?

actitud *f* [akti'tud]

Haltung, Einstellung

actor *m* [ak'tor]

Schauspieler

actriz *f* [ak'triθ]

Schauspielerin

actual *adj* [ak'tual]

aktuell, gegenwärtig

acuerdo *m* [a'kuerdo]
de acuerdo
de acuerdo con

Abkommen, Vereinbarung
einverstanden
nach, laut, gemäß

 **acusar**

acusar *v* [aku'sar]
Lo acusan de robo.

además *adv* [ade'mas]

administración *f* [administra'θion]
administración pública

admirar *v* [admi'rar]
Ese chico admira a su padre.

aduana *f* [a'duana]
Tiene que declarar el equipaje en la aduana.

aduanero *m* [adua'nero]

adulto *adj, m* [a'dulto]
Esta película es sólo para adultos.

afeitarse *v* [afei'tarse]
Óscar ya se afeita.

afortunadamente *adv* [afortu'nada'mente]
Tuvimos un accidente, afortunadamente no nos pasó nada.

afuera *adv* [a'fuera]
¡Vete afuera!
de afuera

agenda *f* [a'xenda]
He anotado la cita en mi agenda.

He perdido mi agenda.

agradecer *v* [agrade'θer]
Le agradezco su ayuda.

agresivo *adj* [agre'sibo]
Este niño es agresivo.

aguacate *m* [agua'kate]
Quiero una ensalada con aguacate.

ahorrar *v* [ao'rrar]
Yo no sé ahorrar.

beschuldigen
Er wird des Diebstahls beschuldigt.

außerdem

Verwaltung
öffentliche Verwaltung

bewundern, verehren
Der Junge bewundert seinen Vater.

Zoll
Sie müssen das Gepäck beim Zoll deklarieren.

Zollbeamter

erwachsen, Erwachsener
Dieser Film ist nur für Erwachsene.

sich rasieren
Óscar rasiert sich schon.

glücklicherweise

Wir haben einen Unfall gehabt, glücklicherweise ist uns nichts geschehen.

draußen, außerhalb
Geh hinaus!
von draußen

Terminkalender
Ich habe den Termin in meinen Terminkalender notiert.
Ich habe meinen Terminkalender verloren.

danken, sich bedanken
Ich danke Ihnen für Ihre Hilfe.

aggressiv
Dieses Kind ist aggressiv.

Avocado
Ich möchte einen Salat mit Avocado.

sparen, einsparen
Ich kann nicht sparen.

añadir

alcohol *m* [alkoˈol]
El alcohol es bueno para desinfectar.
Esta bebida tiene alcohol.

Alkohol
Der Alkohol ist gut zum Desinfizieren.
Dieses Getränk enthält Alkohol.

alegrarse *v* [aleˈgrarse]
Nos alegramos de que estés bien.

sich freuen
Wir freuen uns, dass es dir gut geht.

alegría *f* [aleˈgria]

Freude

alfombra *f* [alˈfombra]
alfombra china/persa

Teppich, Bettvorleger
chinesischer/persischer Teppich

almohada *f* [almoˈada]

Kopfkissen

alquilar *v* [alkiˈlar]
Alquilamos habitaciones a estudiantes.

vermieten, mieten
Wir vermieten Zimmer an Studenten.

alquiler *m* [alkiˈler]
El alquiler de este piso es muy alto.
Usted no ha pagado el alquiler de este mes.

Miete
Die Miete dieser Wohnung ist sehr hoch.
Sie haben die Miete für diesen Monat nicht bezahlt.

alrededor *adv* [alredeˈdor]
En los alrededores no había nada.

um, ringsherum, ungefähr
In der Gegend/in der Umgebung gab es nichts.

amante *m, f* [aˈmante]
tener un amante/una amante

Geliebter, Geliebte
einen Geliebten/eine Geliebte haben

amargo *adj* [aˈmargo]
Esta bebida es amarga.
sabor amargo

bitter
Dieses Getränk ist bitter.
bitterer Geschmack

ambiente *m* [amˈbiente]
En esta fiesta hay buen ambiente.
medio ambiente

Atmosphäre, Stimmung
Auf dieser Party ist die Stimmung gut.
Umwelt

ambos *adj* [ˈambos]
Ambos tenían la misma opinión.

beide
Beide waren gleicher Meinung.

ambulancia *f* [ambuˈlanθia]
Se sentía muy mal, tuvimos que llamar una ambulancia.

Krankenwagen
Er fühlte sich sehr schlecht, wir mussten einen Krankenwagen rufen.

amenaza *f* [ameˈnaθa]
amenazar

Drohung, Bedrohung
drohen

añadir *v* [aɲaˈdir]
Añade un poco de agua a la salsa.

hinzufügen
Füge der Soße etwas Wasser hinzu.

 **ancho**

ancho *adj* ['antʃo]

breit, weit

animal *m* [ani'mal]
animal doméstico

Tier
Haustier

anotar *v* [ano'tar]
Voy a anotar tu número de teléfono.

aufschreiben, notieren
Ich schreibe mir deine Telefonnummer auf.

anteayer *adv* [antea'jer]
Llegó anteayer.

vorgestern
Er kam vorgestern an.

antes *adv* ['antes]
Antes de la cena se ducha.
Antes todo era más fácil.

früher, vor
Vor dem Abendessen duscht er.
Früher war alles einfacher.

antiguo *adj* [an'tiguo]
La universidad es una construcción antigua.

alt, antik
Die Universität ist ein altes Gebäude.

anual *adj* [a'nual]
Estos encuentros son anuales.

jährlich
Diese Treffen finden jährlich statt.

anunciar *v* [anun'θiar]

Se anuncia la visita del rey.

ankündigen, bekannt machen, melden
Der Besuch des Königs wird angekündigt.

apariencia *f* [apa'rienθia]
tener buena/mala apariencia
Las apariencias engañan.

Schein, Aussehen
gut/schlecht aussehen
Der Schein trügt.

aplaudir *v* [aplau'dir]
El público aplaudió varios minutos.

klatschen, applaudieren
Das Publikum klatschte mehrere Minuten.

apoyar *v* [apo'jar]
Su padre siempre lo ha apoyado.

unterstützen
Sein Vater hat ihn immer unterstützt.

apoyo *m* [a'pojo]
Recibo el apoyo de mi familia.

Unterstützung, Hilfe
Ich bekomme die Unterstützung meiner Familie.

aprobar *v* [apro'bar]
Ellos no aprueban tu actitud.
He aprobado el examen.

bestehen, zustimmen
Sie stimmen deinem Verhalten nicht zu.
Ich habe die Prüfung bestanden.

aproximadamente *adv*
[aproksi'mada'mente]
El trabajo va a durar aproximadamente una semana.

ungefähr, etwa, circa

Die Arbeit wird etwa/ungefähr eine Woche dauern.

automóvil

arena f [aˈrena]
Tus zapatos están llenos de arena.

Sand
Deine Schuhe sind voller Sand.

arma f [ˈarma]
Nos amenazaron con armas.

Waffe
Sie drohten uns mit Waffen.

arreglar v [arreˈglar]
arreglar el cuarto/la habitación

aufräumen, ordnen
das Zimmer aufräumen

arte m [ˈarte]

Kunst

artículo m [arˈtikulo]
Busco un artículo sobre música clásica.

Artikel
Ich suche einen Artikel über klassische Musik.

asegurar v [aseguˈrar]
El detenido asegura que se trata de un error.

behaupten, versichern
Der Verhaftete behauptet, dass es sich um einen Fehler handelt.

asesino m [asesiˈno]

Mörder

así adv [aˈsi]

auf diese Weise, so

asistir v [asisˈtir]
Lamentablemente no podemos asistir a la reunión.

teilnehmen, helfen, beistehen
Leider können wir nicht an der Versammlung teilnehmen.

asociación f [asoθiaˈθion]

Verein, Verband

asombrarse v [asomˈbrarse]
Me asombra que no lo sepas.

staunen, sich wundern
Es wundert mich, dass du es nicht weißt.

atención f [atenˈθion]
llamar la atención

Aufmerksamkeit
auffällig sein

atento adj [aˈtento]
Es un muchacho muy atento.

aufmerksam, wachsam
Er ist ein sehr aufmerksamer Junge.

aterrizar v [aterriˈθar]

landen

aumentar v [aumenˈtar]
Hoy en día aumenta el número de personas que aprenden español.

ansteigen, erhöhen
Heutzutage steigt die Zahl der Personen, die Spanisch lernen an.

aún adv [aˈun]
Aún estamos esperando el bus.

noch
Wir warten immer noch auf den Bus.

automóvil m [autoˈmobil]
Desea un automóvil moderno.

Auto
Er wünscht sich ein modernes Auto.

 **avalancha**

avalancha *f* [abaˈlantʃa]	Lawine
avalúo *m* [abaˈluo]	Bewertung
avaro *adj* [aˈbaro]	geizig
ave *f* [ˈabe]	Vogel
ayer *adv* [aˈjer] *Ayer llegó Mario.*	gestern *Gestern kam Mario an.*

b

bachillerato *m* [batʃiʎeˈrato] *Raúl ha terminado el bachillerato.*	Abitur *Raúl ist mit dem Abitur fertig.*
bajada *f* [baˈxada]	Abstieg
bajar *v* [baˈxar] *Bajamos en la Plaza España.*	aussteigen, heruntergehen, herunterholen *Wir steigen an der Plaza España aus.*
bala *f* [ˈbala] *Se disparó una bala en la cabeza.*	Kugel *Er schoss sich eine Kugel in den Kopf.*
bañarse *v* [baˈɲarse] *¿Te gusta bañarte en un lago?*	baden *Badest du gern im See?*
básico *adj* [ˈbasiko]	grundlegend
bastante *adj* [basˈtante] *Hay bastantes cafés en esta zona.*	genug, ziemlich, ziemlich viel *Es gibt ziemlich viele Cafés in diesem Viertel.*
bastar *v* [basˈtar] *La comida basta para todos.*	genügen, ausreichen *Das Essen reicht für alle aus.*
basura *f* [baˈsura] *He botado los papeles en la basura.*	Müll *Ich habe die Papiere in den Müll geworfen.*
beca *f* [ˈbeka]	Stipendium
bienestar *m* [bienesˈtar] *He trabajado mucho para vivir en un cierto bienestar.*	Wohlstand, Wohlbefinden *Ich habe viel gearbeitet, um in einem gewissen Wohlstand zu leben.*

caballo

blando *adj* ['blando]	weich
boca *f* ['boka] ¡No hables con la boca llena!	Mund Sprich nicht mit vollem Mund!
boda *f* ['boda] Estamos invitados a la boda de Julio y Paula.	Hochzeit Wir sind zur Hochzeit von Julio und Paula eingeladen.
bofetada *f* [bofe'tada] dar una bofetada	Ohrfeige ohrfeigen
bondad *f* [bon'dad] Su bondad no tiene límites.	Güte Seine Güte kennt keine Grenzen.
boquerón *m* [boke'ron] Yo quiero boquerones con patatas fritas y ensalada.	Sardelle Ich möchte Sardellen mit Pommes frites und Salat.
borracho *adj, m* [bo'rratʃo]	betrunken, Betrunkener
bosque *m* ['boske]	Wald
bostezar *v* [boste'θar]	gähnen
brillar *v* [bri'ʎar] El suelo brillaba. El sol brilla.	glänzen, scheinen Der Boden glänzte. Die Sonne scheint.
broma *f* ['broma] hacer una broma	Scherz, Witz scherzen
burlarse *v* [bur'larse] Él siempre se burla de mí.	sich lustig machen Er macht sich immer über mich lustig.
buzón *m* [bu'θon]	Briefkasten

C

info

c wird wie **[θ]** ausgesprochen, wenn **e** oder **i** folgt, z. B. ['θelos] (Eifersucht), ['θine] (Kino).
In **Lateinamerika** aber werden **c** (ce, ci) und **z** wie **[s]** ausgesprochen.

caballo *m* [ka'baʎo] montar a caballo	Pferd reiten

caer

caer v [kaˈer]
Carlos me cae bien.

caerse v [kaˈerse]
Casi me caigo.

cajetilla f [kaxeˈtiʎa]
Déme una cajetilla de cigarrillos, por favor.

calefacción f [kalefakˈθion]
calefacción central

calidad f [kaliˈdad]
La calidad es importante.

callarse v [kaˈʎarse]
Cuando el profesor entró, nos callamos.

calma f [ˈkalma]

caminar v [kamiˈnar]
Caminar es bueno para la salud.

camión m [kaˈmion]
Él conduce un camión.

campesino m [kampeˈsino]
Los campesinos se levantan temprano.

camping m [ˈkampiŋ]
hacer camping

campo m [ˈkampo]
Vamos a pasar unos días en el campo.

cancelar v [kanθeˈlar]
Tenemos que cancelar el viaje.

canción f [kanˈθion]
Conozco esta canción.

cansado adj [kanˈsado]
Estoy cansado de tus mentiras.

cantidad f [kantiˈdad]
Lo importante no es la cantidad, sino la calidad.

fallen
Carlos ist mir sympathisch.

hinfallen
Beinahe wäre ich hingefallen.

Schachtel
Geben Sie mir bitte eine Schachtel Zigaretten.

Heizung
Zentralheizung

Qualität
Die Qualität ist wichtig.

schweigen
Als der Lehrer hereinkam, schwiegen wir.

Ruhe

laufen, gehen
Laufen ist gut für die Gesundheit.

Lastwagen
Er fährt einen Lastwagen.

Bauer
Die Bauern stehen früh auf.

Camping
zelten

Land
Wir werden ein paar Tage auf dem Land verbringen.

stornieren, ausgleichen
Wir müssen die Reise stornieren.

Lied
Ich kenne dieses Lied.

müde, satt
Ich habe deine Lügen satt.

Menge, Quantität
Das Wichtigste ist nicht die Quantität, sondern die Qualität.

cantina *f* [kan'tina]	**Kantine**
capital *f* [kapi'tal] La capital de España es Madrid. Vivir en la capital tiene ventajas y desventajas.	**Hauptstadt** Die Hauptstadt von Spanien ist Madrid. In der Hauptstadt zu wohnen, hat Vorteile und Nachteile.
cárcel *f* ['karθel] Ese hombre ha estado en la cárcel. Hoy escaparon dos detenidos de la cárcel.	**Gefängnis** Der Mann war im Gefängnis. Heute sind zwei Gefangene aus dem Gefängnis ausgebrochen.
cariño *m* [ka'riɲo] con cariño Siento mucho cariño por él.	**Zärtlichkeit, Liebe** zärtlich Ich habe ihn sehr lieb.
carretera *f* [karre'tera]	**Landstraße**
cartera *f* [kar'tera]	**Aktentasche, Handtasche**
cartero *m* [kar'tero] El cartero nos entregó la carta.	**Briefträger** Der Briefträger überreichte uns den Brief.
casarse *v* [ka'sarse]	**heiraten**
caso *m* ['kaso] en caso de en este caso en ningún caso en todo caso por si acaso	**Fall, Angelegenheit** falls in diesem Fall in keinem Fall auf jeden Fall/auf alle Fälle für alle Fälle
casualidad *f* [kasuali'dad]	**Zufall**
catástrofe *f* [ka'tastrofe] La fiesta ha sido una catástrofe.	**Katastrophe** Die Party war eine Katastrophe.
causa *f* ['kausa] ¿Cuál ha sido la causa del accidente?	**Grund, Ursache** Was war die Ursache für den Unfall?
caza *f* ['kaθa]	**Jagd**
celebrar *v* [θele'brar] Vamos a celebrar el cumpleaños de mi padre en un restaurante.	**feiern** Wir werden den Geburtstag meines Vaters in einem Restaurant feiern.
célebre *adj* ['θelebre] Tiene libros de célebres escritores latinoamericanos.	**bekannt, berühmt** Er hat Bücher von berühmten lateinamerikanischen Schriftstellern.

celoso

celoso *adj* [θeˈloso]	eifersüchtig
cepillo *m* [θeˈpiʎo] cepillo de dientes/cepillo de pelo	Bürste Zahnbürste/Haarbürste
cerdo *m* [ˈθerdo]	Schwein
charla *f* [ˈtʃarla] La charla ha durado una hora.	Unterhaltung, Vortrag Der Vortrag hat eine Stunde gedauert.
charlar *v* [tʃarˈlar] Mi amiga y yo charlamos toda la noche.	sich unterhalten, plaudern Meine Freundin und ich unterhielten uns die ganze Nacht.
cheque *m* [ˈtʃeke] cobrar un cheque firmar un cheque pagar con un cheque	Scheck einen Scheck einlösen einen Scheck unterschreiben mit einem Scheck bezahlen
chimenea *f* [tʃimeˈnea] Estaban sentados delante de la chimenea escuchando música.	Kamin Sie saßen vor dem Kamin und hörten dabei Musik.
chiste *m* [ˈtʃiste] Carlos es bueno para contar chistes.	Witz Carlos kann gut Witze erzählen.
ciudadano *m* [θiudaˈdano]	Bürger
cocina *f* [coˈθina] La cocina española es excelente.	Küche Die spanische Küche ist ausgezeichnet.
coincidir *v* [coinθiˈdir] Su llegada coincide con nuestra fiesta.	zusammenfallen Seine Ankunft fällt mit unserer Feier zusammen.
colgar *v* [kolˈgar] ¿Colgamos este cuadro aquí? colgar el teléfono	hängen, aufhängen Wollen wir dieses Bild hier aufhängen? auflegen
comercio *m* [koˈmerθio] comercio exterior	Laden, Geschäft Außenhandel
comparar *v* [kompaˈrar] Los muchachos compararon sus trabajos.	vergleichen Die Jungen verglichen ihre Arbeiten.
completar *v* [kompleˈtar]	vervollständigen
compra *f* [ˈkompra] ir de compras	Einkauf einkaufen gehen

considerar

computador(a) *m, f* (Am.) [komputaˈdor(a)]
computadora personal
computadora portátil
Yo manejo bien la computadora.

Computer

Personalcomputer/PC
Laptop
Ich kann mit dem Computer gut umgehen.

---

comunicar *v* [komuniˈkar]
Nos han comunicado que el vuelo ha sido cancelado.

benachrichtigen, mitteilen

Wir wurden benachrichtigt, dass der Flug gestrichen wurde.

---

concierto *m* [konˈθi̱e̱rto]

Konzert

---

condición *f* [kondiθio̱n]
Bajo la condición de …
estar en buena/mala condición

Bedingung

Unter der Bedingung, dass …
in guter/schlechter Form sein

---

confiar *v* [konˈfi̱a̱r]
Se puede confiar en Juan.
Confío en mi suerte.

vertrauen, trauen

Man kann Juan trauen.
Ich vertraue auf mein Glück.

---

confirmación *f* [konfirmaˈθio̱n]
Hoy he recibido la confirmación de nuestro vuelo.

Bestätigung

Heute habe ich die Bestätigung unseres Fluges erhalten.

---

info

Lernen Sie zum besseren Einprägen mithilfe von **Wortfeldern**, z. B. alles zum Thema „Einkaufen": el dinero (Geld), la caja (Kasse), la bolsa de la compra (Einkaufstasche).

---

confusión *f* [konfuˈsi̱o̱n]

Verwirrung, Verwechslung

---

conmigo *pron* [konˈmigo]
¿Prefieres ir con ella o conmigo?

mit mir

Ist es dir lieber, mit ihr oder mit mir mitzugehen?

---

consciente *adj* [konsˈθi̱e̱nte]
No es consciente del peligro.
Rosa es consciente de su responsabilidad.

bewusst

Er ist sich der Gefahr nicht bewusst.
Rosa ist verantwortungsbewusst.

---

consecuencia *f* [konseˈkue̱nθi̱a̱]
en consecuencia
Murió a consecuencia de una enfermedad.
tener consecuencias

Folge

folglich
Er starb an den Folgen einer Krankheit.

Folgen haben

---

considerar *v* [konsideˈrar]
Los consideramos felices.

berücksichtigen, halten für
Wir halten sie für glücklich.

 **consulado**

consulado *m* [konsuˈlado]
Voy al consulado a tramitar una visa/un visado.

Konsulat
Ich gehe zum Konsulat, um ein Visum zu beantragen.

contar *v* [konˈtar]
contar con alguien

zählen, erzählen
mit jdm rechnen

contento *adj* [konˈtento]
Estoy contento de verte.

froh, zufrieden
Es freut mich, dich zu sehen.

contestar *v* [kontesˈtar]

antworten, beantworten

contigo *pron* [konˈtigo]
Contigo no se puede contar.

mit dir
Man kann mit dir nicht rechnen.

contra *prep* [kontra]
Luchamos contra la delincuencia.
Nadamos contra la corriente.

gegen
Wir kämpfen gegen die Kriminalität.
Wir schwimmen gegen die Strömung.

contradecir *v* [kontradeˈθir]
Juan contradijo a su padre.

widersprechen
Juan widersprach seinem Vater.

contradicción *f* [kontradikˈθion]
Se enredó en contradicciones.

Widerspruch
Er verwickelte sich in Widersprüche.

contrato *m* [konˈtrato]
contrato de trabajo
Según el contrato de alquiler los animales están prohibidos.

Vertrag
Arbeitsvertrag
Laut Mietvertrag sind Tiere verboten.

conversación *f* [kombersaˈθion]

Gespräch

conversar *v* [komberˈsar]
Conversamos sobre la música y la danza.

sich unterhalten
Wir unterhielten uns über Musik und Tanz.

corazón *m* [koraˈθon]
sin corazón
Tiene un corazón de piedra.

Herz
herzlos
Er hat ein Herz aus Stein/hartes Herz.

correo *m* [koˈrreo]
correo aéreo
correo electrónico

Kurier
Luftpost
E-Mail

correr *v* [koˈrrer]
Los niños corren por la calle.

rennen, laufen
Die Kinder laufen auf die Straße.

cortar *v* [korˈtar]
Hay que cortar la tarta.

schneiden
Wir müssen die Torte aufschneiden.

curioso

corto *adj* ['korto]
El camino es más corto por aquí.
Este abrigo es muy corto.

kurz
Hierlang ist der Weg kürzer.
Dieser Mantel ist sehr kurz.

costumbre *f* [kos'tumbre]
Tenemos la costumbre de cenar temprano.

Gewohnheit
Wir haben die Gewohnheit, früh zu Abend zu essen.

creatividad *f* [kreatibi'dad]

Kreativität

criticar *v* [kriti'kar]

kritisieren

cruzar *v* [kru'θar]
Ayer ayudamos a una anciana a cruzar la calle.

überqueren
Gestern halfen wir einer alten Dame, die Straße zu überqueren.

cuadro *m* ['kuadro]

Bild

cualquier *adj* [kual'kier]
Cualquier día me echas a la calle.
Dame cualquier libro.

irgendein(-e, -r)
Irgendwann setzt du mich auf die Straße.
Gib mir irgendein Buch.

cuando *konj* ['kuando]
Estabamos en el cine cuando escuchamos la alarma.

als, wenn
Wir waren im Kino, als wir den Alarm hörten.

cuarto *m* ['kuarto]
Éste es el cuarto de Alberto.

Zimmer
Das ist Albertos Zimmer.

cuento *m* ['kuento]
Le he comprado al niño un libro de cuentos.
¿Puedes contarme un cuento?

Märchen
Ich habe dem Kind ein Märchenbuch gekauft.
Kannst du mir ein Märchen erzählen?

cuero *m* ['kuero]
en cueros

Leder
splitternackt

cuerpo *m* ['kuerpo]

Körper

cuidar *v* [kui'dar]
¡Cuídate!

aufpassen
Pass auf dich auf!

culpable *adj, m, f* [kul'pable]

schuldig, Beschuldigte(r)

cuñada *f* [ku'ɲada]

Schwägerin

cuñado *m* [ku'ɲado]

Schwager

curioso *adj* [ku'rioso]

neugierig

daño

d

daño *m* ['daɲo]
daños ecológicos
hacerse daño
¿Se ha hecho daño?

Schaden
Umweltschäden
sich weh tun/sich verletzen
Haben Sie sich verletzt?

deber *v* [de'ber]
Debemos ayudar a nuestros padres.
Debes decir la verdad.
Debo dinero a Miguel.

müssen, sollen, schulden
Wir sollen unseren Eltern helfen.
Du musst/sollst die Wahrheit sagen.
Ich schulde Miguel Geld.

decepción *f* [deθep'θion]

Enttäuschung

decepcionar *v* [deθepθio'nar]

enttäuschen

decidir *v* [deθi'dir]
decidirse

entscheiden
sich entscheiden

declaración *f* [deklara'θion]
Los dos hombres han hecho declaraciones falsas.

Aussage
Beide Männer haben falsche Aussagen gemacht.

dedicar *v* [dedi'kar]

widmen

dedo *m* ['dedo]
dedo del pie

Finger
Zehe

defender *v* [defen'der]
La madre defendía a su hijo.

verteidigen
Die Mutter verteidigte ihr Kind.

dejar *v* [de'xar]
¡Deja de llorar!
¿Puedo dejar un recado?

lassen, verlassen, aufhören
Hör auf zu weinen!
Kann ich eine Nachricht hinterlassen?

demostrar *v* [demos'trar]

beweisen

dentista *m, f* [den'tista]
Tienes que ir al dentista.

Zahnarzt
Du muss zum Zahnarzt gehen.

denunciar *v* [denun'θiar]
Mi propio padre me ha denunciado.

anzeigen
Mein eigener Vater hat mich angezeigt.

depender *v* [depen'der]
Economicamente dependo de mis padres.

abhängen von ...
Finanziell hänge ich von meinen Eltern ab.

desnudo

deporte *m* [de'porte]
hacer deporte/practicar un deporte

Sport
Sport treiben

derecho *m* [de'retʃo]
Los niños tienen derecho a la educación escolar.

Recht
Kinder haben ein Recht auf Schulbildung.

desayunar *v* [desaju'nar]
Los niños desayunaron sólo un vaso de leche.

frühstücken
Die Kinder haben nur ein Glas Milch gefrühstückt.

desayuno *m* [desa'juno]

Frühstück

desconfiar *v* [deskon'fiar]
Desconfía de su mejor amigo.

misstrauen
Er misstraut seinem besten Freund.

---

info

Legen Sie sich einen **Karteikasten** an. So wiederholen Sie gezielt die Vokabeln, die Sie sich schwer einprägen und können die Kärtchen überallhin mitnehmen.

---

describir *v* [deskri'bir]
¿Puede describir al ladrón?

beschreiben
Können Sie den Dieb beschreiben?

descripción *f* [deskrip'θion]

Beschreibung

desde *prep* ['desde]
desde ahora
desde el principio
desde hace
desde luego

seit
von nun an
von Anfang an
seit
selbstverständlich

desempleado *m* [desemple'ado]

Arbeitsloser

desempleo *m* [desem'pleo]
Lamentablemente el desempleo aumenta.

Arbeitslosigkeit
Leider nimmt die Arbeitslosigkeit zu.

desierto *m* [de'sierto]
El desierto es fascinante.
En el desierto hace mucho calor.

Wüste
Die Wüste ist faszinierend.
In der Wüste ist es sehr heiß.

desmayarse *v* [dezma'jarse]
Se desmayó porque no había comido nada durante todo el día.

ohnmächtig werden
Er ist ohnmächtig geworden, weil er den ganzen Tag nichts gegessen hatte.

desnudo *adj* [dez'nudo]
El niño jugaba desnudo en el jardín.

nackt
Das Kind spielte nackt im Garten.

desorden

desorden *m* [de'sorden]
— Unordnung

desprecio *m* [des'preθio]
Su mirada estaba llena de desprecio.
— Verachtung
Sein Blick war voller Verachtung.

destino *m* [des'tino]
Tiene un destino triste.
Yo no creo en el destino.
— Schicksal
Er hat ein trauriges Schicksal.
Ich glaube nicht an das Schicksal.

desventaja *f* [desben'taxa]
La desventaja de esta máquina es que gasta mucha electricidad.
— Nachteil
Der Nachteil dieser Maschine ist, dass sie viel Strom verbraucht.

desvestirse *v* [desbes'tirse]
— sich ausziehen

detalle *m* [de'taʎe]
Nos contó la historia con muchos detalles.
— Detail
Er erzählte uns die Geschichte bis ins kleinste Detail.

detención *f* [deten'θion]
— Verhaftung

deuda *f* ['deuda]
— Schulden

devolver *v* [debol'ber]
Tengo que devolver este libro.
— zurückgeben
Ich muss dieses Buch zurückgeben.

dibujar *v* [dibu'xar]
Ha dibujado un corazón.
— zeichnen
Er hat ein Herz gezeichnet.

diccionario *m* [dikθio'nario]
Busque las siguientes palabras en el diccionario: ...
— Wörterbuch
Schlagen Sie folgende Wörter im Wörterbuch nach: ...

diente *m* ['diente]
cepillarse los dientes
— Zahn
Zähne putzen

dios *m* ['dios]
creer en Dios
¡Dios mío!
¡Dios te bendiga!
— Gott
an Gott glauben
Mein Gott!/Lieber Gott!
Gott segne dich!

diploma *m* [di'ploma]
Tiene que presentar sus diplomas cuanto antes.
Para este puesto exigen un diploma.
— Diplom, Urkunde
Sie müssen Ihre Urkunden sobald wie möglich vorlegen.
Für diese Stelle wird ein Diplom verlangt.

dirigirse *v* [diri'xirse]
En caso de reclamaciones tiene que dirigirse a la administración.
— sich wenden
Im Falle einer Reklamation müssen Sie sich an die Verwaltung wenden.

durante

discusión *f* [discu'sion]
Hay una discusión entre los vecinos.

Streit, Diskussion
Es gibt einen Streit unter den Nachbarn.

discutir *v* [disku'tir]
Los dos discuten todo el tiempo, pero no se separan.

streiten, diskutieren
Beide streiten die ganze Zeit, aber sie trennen sich nicht.

disfrutar *v* [disfru'tar]
Disfruto del buen tiempo.
Hay que disfrutar de la vida.

genießen
Ich genieße das schöne Wetter.
Man muss das Leben genießen.

distancia *f* [dis'tanθia]
guardar distancia

Entfernung
Abstand halten

distinto *adj* [dis'tinto]

verschieden, anders

divorciarse *v* [dibor'θiarse]

sich scheiden lassen

divorcio *m* [di'borθio]
pedir el divorcio

Scheidung
die Scheidung einreichen

docena *f* [do'θena]

Dutzend

doler *v* [do'ler]
Me duele el brazo.

wehtun, schmerzen
Der Arm tut mir weh.

dolor *m* [do'lor]
dolor de cabeza/dolor de espalda/
dolor de estómago/dolor de garganta/
dolor de muelas

Schmerz
Kopfschmerzen/Rückenschmerzen/
Magenschmerzen/Halsschmerzen/
Zahnschmerzen

donación *f* [dona'θion]
donación de sangre

Spende
Blutspende

donde *adv* [donde]

wo, dort wo

dondequiera *adv* [donde'kiera]

wo immer

droga *f* [droga]

Droge

drogadicto *adj* [droga'dikto]

drogensüchtig

duda *f* [duda]
sin duda
tener una duda

Zweifel
zweifellos
zweifeln

durante *adv* [du'rante]
Durante la cena, no dijo nada.
Durante muchos años no lo vimos.

während
Während des Essens sagte er nichts.
Jahrelang sahen wir ihn nicht.

echar

echar v [eˈtʃar]
  echar a la calle
  echar de menos

hinauswerfen, werfen
  auf die Straße setzen
  vermissen

educación f [edukaˈθion]
  La educación escolar es importante.

Erziehung, Bildung
  Die Schulbildung ist wichtig.

efecto m [eˈfekto]
  efectos secundarios

Wirkung
  Nebenwirkungen

egoísta adj [egoˈista]

egoistisch

elección f [elekˈθion]
  elecciones generales

Wahl
  allgemeine Wahlen

elegir v [eleˈxir]
  Hemos elegido al alcalde.

wählen, auswählen, aussuchen
  Wir haben den Bürgermeister gewählt.

embajada f [embaˈxada]
  La embajada estaba en las afueras de la ciudad.

Botschaft
  Die Botschaft befand sich außerhalb der Stadt.

embotellamiento m [emboteʎaˈmiento]
  quedar atrapado en un embotellamiento

Stau

  im Stau stecken/stehen

emergencia f [emerˈxenθia]
  estado de emergencia

Notfall
  Notstand

emplear v [empleˈar]
  En estos momentos no estoy empleado.

anstellen
  Zurzeit habe ich keine Anstellung.

empleo m [emˈpleo]
  buscar un empleo

Stelle
  eine Stelle suchen

enamorado adj [enamoˈrado]
  Hugo está enamorado de Marta.

verliebt
  Hugo ist in Marta verliebt.

encantar v [enkanˈtar]
  Me encanta el deporte.

verzaubern, begeistern
  Sport begeistert mich.

encender v [enθenˈder]
  encender la luz
  encender la radio
  encender un cigarrillo

anmachen, anzünden
  das Licht anmachen
  das Radio anmachen
  eine Zigarette anzünden

espejo

encima *adv* [en'θima]
encima de

oben
auf

encuentro *m* [en'kuentro]
El encuentro tiene lugar en el salón del hotel.

Treffen
Das Treffen findet im Saal des Hotels statt.

enemigo *adj, m* [ene'migo]
Tiene más enemigos que amigos.

feindlich, Feind
Er hat mehr Feinde als Freunde.

enfermo *adj, m* [en'fermo]

krank, Kranker

entenderse *v* [enten'derse]
Por suerte mis hijos se entienden bien.

sich verstehen
Glücklicherweise verstehen sich meine Kinder gut.

entero *adj* [en'tero]
Se ha comido la tarta entera.
Ha traducido el libro entero.

ganz, vollständig
Er hat die ganze Torte gegessen.
Er hat das Buch vollständig übersetzt.

entregar *v* [entre'gar]
Ya he entregado mi trabajo escrito.

abgeben
Ich habe meine schriftliche Arbeit schon abgegeben.

enviar *v* [em'biar]
Olvidamos enviar la carta.

schicken, abschicken, senden
Wir vergaßen, den Brief abzuschicken.

envidioso *adj* [embi'dioso]

neidisch

equilibrio *m* [eki'librio]
perder el equilibrio

Gleichgewicht
das Gleichgewicht verlieren

equivocarse *v* [ekibo'karse]
Nos hemos equivocado de número.

sich irren
Wir haben uns verwählt.

error *m* [e'rror]
cometer un error

Fehler
einen Fehler machen

escapar *v* [eska'par]

fliehen

escritor *m* [eskri'tor]
Víctor es escritor.

Schriftsteller
Víctor ist Schriftsteller.

esforzarse *v* [esfor'θarse]
Si te esfuerzas, aprobarás el examen.

sich anstrengen
Wenn du dich anstrengst, wirst du die Prüfung bestehen.

espejo *m* [es'pexo]
mirarse en el espejo

Spiegel
sich im Spiegel betrachten

esperanza

esperanza *f* [espeˈranθa]
No pierde la esperanza.

Hoffnung
Er gibt die Hoffnung nicht auf.

espontáneo *adj* [esponˈtaneo]
La fiesta ha sido una idea espontánea.

spontan
Die Feier war eine spontane Idee.

esquina *f* [esˈkina]
En la esquina hay un supermercado.

Ecke
An der Ecke gibt es einen Supermarkt.

estómago *m* [esˈtomago]
Se me revolvió el estómago.

Magen
Mir wurde schlecht.

estrecho *adj* [esˈtretʃo]
El pantalón es demasiado estrecho.

eng
Die Hose ist zu eng.

estrella *f* [esˈtreʎa]
Las estrellas brillan en el cielo.

Stern
Die Sterne blinken am Himmel.

estrés *m* [esˈtres]
tener estrés

Stress
Stress haben

estricto *adj* [esˈtrikto]
Sus padres son muy estrictos.

streng, strikt
Seine Eltern sind sehr streng.

estudio *m* [esˈtudio]
Vivo en un estudio cerca de la universidad.

Studium, Studie, Einzimmerapartment
Ich wohne in einem Einzimmerapartment in der Nähe der Universität.

entretanto *adv* [entreˈtanto]

in der Zwischenzeit, mittlerweile

evento *m* [eˈbento]

Ereignis

exacto *adj* [eˈksakto]
Dime la hora exacta.

genau
Sag mir die genaue Uhrzeit.

info

Im Spanischen werden nahezu alle Wörter **klein** geschrieben. Ausnahmen sind der Satzanfang, Eigennamen und die Anredeform.

excelente *adj* [eksθeˈlente]
Alberto es un profesor excelente.

ausgezeichnet
Alberto ist ein ausgezeichneter Lehrer.

excepción *f* [eksθepˈθion]

Ausnahme

excursión *f* [ekskurˈsion]
¿Por qué no organizamos una excursión?

Ausflug
Warum organisieren wir keinen Ausflug?

fiebre

exigente *adj* [eksi'xente]
¿No crees que eres demasiado exigente?

anspruchsvoll
Glaubst du nicht, dass du zu große Ansprüche stellst?

explosión *f* [eksplo'sion]
Estabamos mirando la tele cuando escuchamos la explosión.

Explosion
Wir sahen gerade fern, als wir die Explosion hörten.

exposición *f* [eksposi'θion]
He visto una exposición de Picasso muy interesante.

Ausstellung
Ich habe eine sehr interessante Picasso-Ausstellung gesehen.

expresarse *v* [ekpre'sarse]
Ella aprende español desde hace cinco meses y ya se expresa muy bien.

sich ausdrücken
Sie lernt seit fünf Monaten Spanisch und drückt sich schon sehr gut aus.

extrañar *v* (Am.) [ekstra'ɲar]
Extraña a su marido.
Extraño mi país.
Me extraña que no me haya saludado.

vermissen, wundern
Sie vermisst ihren Mann.
Ich habe Heimweh.
Es wundert mich, dass er mich nicht begrüßt hat.

falsificar *v* [falsifi'kar]

fälschen

falta *f* ['falta]
sin falta
Estaré allí sin falta.
Tu falta de confianza me decepciona.

Mangel, Fehler
ganz sicher/bestimmt
Ich werde bestimmt da sein.
Dein Misstrauen enttäuscht mich.

faltar *v* [fal'tar]
Estamos casi todos, sólo falta José.
¡Sólo me faltaba/faltaría eso!

fehlen, an etw mangeln
Wir sind fast alle da, nur José fehlt.
Das hat mir gerade noch gefehlt!

fantástico *adj* [fan'tastiko]
Es una fiesta fantástica.

phantastisch, toll
Das ist eine tolle Party.

favorito *adj* [fabo'rito]
¿Quién es tu actor favorito?

Lieblings-
Wer ist dein Lieblingsschauspieler?

fecha *f* ['fetʃa]

Datum

festejar *v* [feste'xar]

feiern

fiebre *f* ['fiebre]
Tengo fiebre.

Fieber
Ich habe Fieber.

fiel

fiel *adj* ['fi̯el]
Su marido no le es fiel.

treu
Ihr Mann ist ihr nicht treu.

finalmente *adv* [fi'nal'mente]

endlich, schließlich

firmar *v* [fir'mar]

unterschreiben

flexible *adj* [fle'ksible]
Tengo un trabajo de horario flexible.

flexibel, biegsam
Ich habe eine Arbeit mit flexiblen Arbeitszeiten.

flojo *adj* ['floxo]
Este tornillo está flojo.

locker, faul
Diese Schraube ist locker.

formación *f* [forma'θi̯on]
formación continua/formación profesional

Ausbildung
Weiterbildung/Berufsausbildung

formulario *m* [formu'lari̯o]
rellenar un formulario

Formular
ein Formular ausfüllen

fotocopia *f* [foto'kopi̯a]
Necesito fotocopias de mi pasaporte.

Fotokopie
Ich brauche Fotokopien von meinem Pass.

frágil *adj* ['fraxil]

zerbrechlich

francés *adj, m* [fran'θes]
¿Probamos este vino francés?

französisch, Franzose
Wollen wir diesen französischen Wein probieren/kosten?

frecuencia *f* [fre'ku̯enθi̯a]
con frecuencia

Häufigkeit
oft

frenar *v* [fre'nar]
Ha frenado a tiempo.

bremsen
Er hat rechtzeitig gebremst.

frontera *f* [fron'tera]
pasar/cruzar la frontera

Grenze
die Grenze überqueren

fuera *adv* ['fu̯era]
¡Fuera de aquí!

draußen, außerhalb, hinaus
Raus!

fuerza *f* ['fu̯erθa]
Es pequeña, pero tiene mucha fuerza.
Me ha quitado el libro a/por la fuerza.

Kraft, Gewalt
Sie ist klein, hat aber viel Kraft.
Er hat mir das Buch mit Gewalt weggenommen.

funcionar *v* [funθi̯o'nar]
El refrigerador funciona muy bien.

funktionieren
Der Kühlschrank funktioniert sehr gut.

generalizar

funcionario *m* [funθio'nario] — Beamter

fundamental *adj* [fundamen'tal] — wesentlich

fútbol *m* ['futbol] — Fußball
Los chicos están jugando al fútbol. — *Die Jungen spielen Fußball.*

futuro *m* [fu'turo] — Zukunft
El futuro de mis nietos está asegurado. — *Die Zukunft meiner Enkelkinder ist gesichert.*
En el futuro avisa cuando llegues tarde. — *Sag in Zukunft Bescheid, wenn du später kommst.*

g

galleta *f* [ga'ʎeta] — Keks
La niña desayuna siempre leche y galletas. — *Das kleine Mädchen frühstückt immer Milch und Kekse.*

gamba *f* ['gamba] — Garnele
Estas gambas no son frescas. — *Diese Garnelen sind nicht frisch.*

ganar *v* [ga'nar] — gewinnen, Geld verdienen
Ha ganado el equipo de mi padre. — *Die Mannschaft meines Vaters hat gewonnen.*

garaje *m* [ga'raxe] — Garage, Parkplatz

garantía *f* [garan'tia] — Garantie
La radio tiene una garantía de dos años. — *Das Radio hat zwei Jahre Garantie.*

gasolina *f* [gaso'lina] — Benzin

gasolinera *f* [gasoli'nera] — Tankstelle
Aquí no hay ninguna gasolinera. — *Hier gibt es keine Tankstelle.*
Podemos comprar algo para tomar en la gasolinera. — *Wir können in der Tankstelle etwas zu trinken kaufen.*

gastar *v* [gas'tar] — ausgeben, verbrauchen
Este coche gasta mucha gasolina. — *Dieses Auto verbraucht viel Benzin.*
Este mes hemos gastado mucho dinero. — *Diesen Monat haben wir viel Geld ausgegeben.*

gato *m* ['gato] — Kater, Katze
Tengo alergia a los gatos. — *Ich habe eine Katzenallergie.*

generalizar *v* [xenerali'θar] — verallgemeinern

generoso

generoso *adj* [xene'roso]
Es generosa como su madre.

großzügig
Sie ist großzügig wie ihre Mutter.

genial *adj* [xe'nial]
Es un inventor genial.
¡Es una idea genial!

genial, toll
Er ist ein genialer Erfinder.
Das ist eine geniale Idee!

gentil *adj* [xen'til]
Los japoneses son gentiles.

höflich
Japaner sind höflich.

gitano *m* [xi'tano]
Los gitanos tienen muchas tradiciones.

Zigeuner
Die Zigeuner haben viele Traditionen.

gobierno *m* [go'bierno]
El pueblo quiere un gobierno democrático.

Regierung
Das Volk will eine demokratische Regierung.

gorra *f* ['gorra]

Mütze

gracioso *adj* [gra'θioso]
Lo gracioso es que …

witzig, lustig
Der Witz dabei ist, dass …

grasa *f* ['grasa]

Fett

gratis *adv* ['gratis]
Las entradas del/para el concierto son gratis.

gratis, umsonst, kostenlos
Die Eintrittskarten für das Konzert sind kostenlos.

grave *adj, f* ['grabe]
Ha tenido un accidente grave.
La situación es grave.

schwer, ernst
Er hat einen schweren Unfall gehabt.
Die Lage ist ernst.

gripe *f* ['gripe]

Grippe

gritar *v* [gri'tar]
No grites tanto, que no soy sorda.

schreien
Schrei nicht so, ich bin nicht taub.

guante *m* ['guante]

Handschuh

guardar *v* [guar'dar]
guardar cama
guardar silencio

aufbewahren
das Bett hüten
schweigen

guerra *f* ['gerra]
La guerra duró cinco años.
Poco después estalló la guerra.

Krieg
Der Krieg dauerte fünf Jahre.
Kurz darauf brach der Krieg aus.

guía *m, f* ['gia]
Los turistas seguían al guía.

Führer(in), Leiter(in)
Die Touristen folgten dem Führer.

h

haber *v* [a'ber]
hay que
no hay que

haben, sein, müssen
man muss
man braucht nicht/man darf nicht

> **info**
>
> Beim **unbestimmten Artikel** müssen Sie aufpassen: „Hay una casa." (sg) – „Es gibt ein Haus.", „Hay casas." (pl) – „Es gibt Häuser.", „Hay unas casas." – „Es gibt einige Häuser."

habitación *f* [abita'θion]

Zimmer, Raum

habitante *m* [abi'tante]
¿Cuántos habitantes hay en tu país?

Einwohner, Bewohner
Wie viele Einwohner hat dein Land?

hacia *prep* ['aθia]
Vendrán hacia mediodía.

nach, zu, gegen
Sie kommen gegen Mittag.

harina *f* [a'rina]

Mehl

hecho *m* ['etʃo]
hecho consumado

Tatsache
vollendete Tatsache

herencia *f* [e'renθia]

Erbe

herido *adj* [e'rido]
Hay varias personas heridas a causa del temblor de tierra.

verletzt
Aufgrund des Erdbebens gibt es mehrere verletzte Personen.

herir *v* [e'rir]
He dicho algo que la ha herido.

verletzen
Ich habe etwas gesagt, was sie verletzt hat.

hielo *m* ['jelo]

Eis

historia *f* [is'toria]
Es una historia desagradable.
Se interesa por la historia del arte.
Su nombre ha pasado a la historia.

Geschichte
Das ist eine dumme Geschichte.
Er interessiert sich für Kunstgeschichte.
Sein Name ist in die Geschichte eingegangen.

hoja *f* ['oxa]
Dame una hoja, quiero escribir una carta.

Blatt
Gib mir ein Blatt, ich möchte einen Brief schreiben.

 **honesto**

honesto *adj* [o'nesto] *Es un hombre honesto.*	**ehrlich** *Er ist ein ehrlicher Mensch.*
horario *m* [o'rar<u>io</u>] *horario escolar*	**Stundenplan, Zeitplan** *Stundenplan*
horrible *adj* [o'rrible] *El tiempo está horrible.*	**schrecklich, furchtbar** *Das Wetter ist furchtbar.*
horror *m* [o'rror]	**Schrecken, Entsetzen**
hospital *m* [ospi'tal] *María trabaja en un hospital.*	**Krankenhaus** *María arbeitet in einem Krankenhaus.*
huelga *f* ['<u>ue</u>lga] *estar en huelga* *huelga de hambre*	**Streik** *streiken* *Hungerstreik*
huevo *m* ['<u>ue</u>bo] *huevo duro* *huevos fritos/estrellados* *huevos revueltos*	**Ei** *hart gekochtes Ei* *Spiegeleier* *Rühreier*
humano *adj* [u'mano] *El ser humano nunca está contento/satisfecho.*	**menschlich** *Der Mensch ist nie zufrieden.*
humedad *f* [ume'dad]	**Feuchtigkeit**
húmedo *adj* ['umedo]	**feucht**
humo *m* ['umo]	**Rauch**
humor *m* [u'mor] *estar de buen/de mal humor*	**Laune** *gute/schlechte Laune haben*

ida *f* ['ida] *a la ida* *Un billete de ida y vuelta, por favor.*	**Hinweg, Hinfahrt** *auf dem Hinweg* *Eine Hin- und Rückfahrkarte bitte.*
idéntico *adj* [i'dentiko]	**identisch**
identificar *v* [identifi'kar] *¿Puede identificar al ladrón?*	**identifizieren** *Können Sie den Dieb identifizieren?*

individual

idioma *m* [i'dioma]
Estoy estudiando idiomas.

Sprache, Fremdsprache
Ich studiere Sprachen.

---

iglesia *f* [i'glesia]
En mi barrio hay una iglesia muy antigua.

Kirche
In meinem Viertel gibt es eine sehr alte Kirche.

---

ignorar *v* [igno'rar]
Ignoro donde vive.
Me ignoró toda la noche.

nicht wissen, ignorieren
Ich weiß nicht, wo er wohnt.
Er ignorierte mich während des ganzen Abends.

---

igualmente *adv* [igual'mente]
¡Buen fin de semana!Igualmente.

ebenfalls
Schönes Wochenende!Ebenfalls.

---

ilegal *adj* [ilegal]

illegal

---

imaginar *v* [imaxi'nar]
Imagina que eres millonaria, ¿qué harías?

sich vorstellen, sich ausdenken
Stell dir vor, du wärst Millionärin, was würdest du dann tun?

---

imbécil *adj* [im'beθil]

blöd, schwachsinnig

---

impaciente *adj* [impa'θiente]
Después de haber esperado media hora, se puso impaciente.

ungeduldig
Nachdem er eine halbe Stunde gewartet hatte, wurde er ungeduldig.

---

imposible *adj* [impo'sible]
Es imposible ir de vacaciones sin hacer gastos.

unmöglich
Es ist unmöglich in Urlaub zu fahren, ohne Geld auszugeben.

---

impresión *f* [impre'sion]
Tengo la impresión de que él se aburre.

Eindruck
Ich habe den Eindruck, dass er sich langweilt.

---

incendio *m* [in'θendio]
En el incendio dos personas perdieron la vida.

Brand
Beim Brand sind zwei Personen ums Leben gekommen.

---

incómodo *adj* [in'komodo]
Estos zapatos son incómodos.

unbequem
Diese Schuhe sind unbequem.

---

increíble *adj* [inkre'ible]

unglaublich

---

indicar *v* [indi'kar]
Una señora me ha indicado el camino.

zeigen
Eine Dame zeigte mir den Weg.

---

individual *adj* [indibi'dual]
He reservado una habitación individual.

Einzel-, individuell
Ich habe ein Einzelzimmer reserviert.

infeliz

---

infeliz *adj* [infe'liθ]
Los dos son infelices.

unglücklich
Beide sind unglücklich.

---

información *f* [informa'θion]
información turística

Information, Auskunft
Touristeninformation

---

informar *v* [infor'mar]

informieren

---

injusticia *f* [inxus'tiθia]
Es una injusticia no emplear a minus válidos.

Ungerechtigkeit
Es ist eine Ungerechtigkeit, Behinderte nicht einzustellen.

---

injusto *adj* [inxusto]
Eres injusta con tu madre.

Es injusto despedirlo.
Fue injusto castigar a los niños de tal manera.

ungerecht
Du bist ungerecht gegenüber deiner Mutter.
Es ist ungerecht, ihn zu entlassen.
Es war ungerecht, die Kinder so zu bestrafen.

---

inmediatamente *adv* [inme'diata'mente]
Un momento, por favor. Le atienden inmediatamente.

sofort, gleich

Einen Moment bitte. Sie werden gleich bedient.

---

inocente *adj* [ino'θente]
Yo creo que el acusado es inocente.

unschuldig
Ich glaube, dass der Angeklagte unschuldig ist.

---

inscripción *f* [inskrip'θion]
El último día de inscripción es mañana.

Einschreibung, Anmeldung
Der letzte Einschreibungstag ist morgen.

---

instinto *m* [ins'tinto]
Mi instinto me dice que ese hombre no es bueno.

Instinkt
Mein Instinkt sagt mir, dass dieser Mann kein guter Mensch ist.

---

instituto *m* [insti'tuto]
Estudia inglés en un instituto.

Institut, Schule
Er lernt Englisch in einer Sprachenschule.

---

insulto *m* [in'sulto]

Schimpfwort, Beleidigung

---

inteligente *adj* [inteli'xente]

intelligent

---

intención *f* [inten'θion]
con intención
No tengo la intención de invitarla.
sin intención
Su intención era buena.

Absicht
absichtlich
Ich beabsichtige nicht, sie einzuladen.
unabsichtlich
Es war gut gemeint.

---

intentar *v* [inten'tar]

versuchen

juego

interesante *adj* [intere'sante]	interessant
interrumpir *v* [interrum'pir] Luisito, ¡deja de interrumpirnos!	unterbrechen Luisito, hör auf, uns zu unterbrechen!
intolerancia *f* [intole'ranθia]	Intoleranz
introducción *f* [introduk'θion]	Einführung, Einleitung
introducir *v* [introdu'θir] Tienes que introducir estos datos en el ordenador.	einführen, eingeben Du musst diese Daten in den Computer eingeben.
inundación *f* [inunda'θion]	Überschwemmung
inútil *adj* [i'nutil] Tus esfuerzos son inútiles. No me harás cambiar de opinión.	unbrauchbar, sinnlos Deine Bemühungen sind sinnlos. Du wirst mich nicht dazu bringen, meine Meinung zu ändern.
irrelevante *adj* [irrele'bante]	unbedeutend, unerheblich
irresponsable *adj* [irrespon'sable] Dejar a los niños jugar con un encendedor es irresponsable.	unverantwortlich Kinder mit einem Feuerzeug spielen zu lassen ist unverantwortlich.
isla *f* ['isla] Pasan su luna de miel en una isla preciosa.	Insel Sie verbringen ihre Flitterwochen auf einer wunderschönen Insel.

j

jardín *m* [xar'din]	Garten
jefe *m* ['xefe] jefe de estado jefe de personal	Chef, Leiter Staatsoberhaupt Personalchef
jersey *m* [xer'sei]	Pullover
joya *f* ['xoja]	Schmuck, Juwel
juego *m* ['xuego] Alungos piensan que el ajedrez es un juego aburrido.	Spiel Einige denken, dass das Schachspiel langweilig ist.

jugar

jugar v [xuˈgar]
*jugar al fútbol/al tenis/al ajedrez/
a la pelota*

jugo m (Am.) [ˈxugo]

juguete m [xuˈgete]
jugueteria

junto adj [ˈxunto]
*junto a
Rosa está sentada junto a Alberto.*

justamente adv [ˈxustaˈmente]

justo adj [ˈxusto]

juventud f [xubenˈtud]
Tú has disfrutado de tu juventud.

spielen
Fußball/Tennis/Schach/Ball spielen

Saft

Spielzeug
Spielwarengeschäft

zusammen
*neben
Rosa sitzt neben Alberto.*

genau, eben

gerecht, genau

Jugend
Du hast deine Jugend genossen.

L

lado m [ˈlado]
*al lado
dejar de lado*

ladrón m [laˈdron]
Reconocimos al ladrón.

lago m [ˈlago]
En esta región hay varios lagos.

lámpara f [ˈlampara]

lanzar v [lanˈθar]

lata f [ˈlata]
*una lata de cerveza
una lata de sardinas*

lavadora f [labaˈdora]

lavar v [laˈbar]
Tenemos que lavar la ropa.

lavarse v [laˈbarse]

Seite
*nebenan, daneben
beiseite lassen*

Dieb
Wir erkannten den Dieb.

See
In dieser Gegend gibt es mehrere Seen.

Lampe

werfen

Dose
*eine Dose Bier/Bierdose
eine Dose Sardinen*

Waschmaschine

waschen
Wir müssen die Wäsche waschen.

sich waschen

línea

lavavajillas *m* [lababa'xiʎas]
Mi marido me ha regalado un lavavajillas por Navidad.

Geschirrspüler
Mein Mann hat mir einen Geschirrspüler zu Weihnachten geschenkt.

---

lejano *adj* [le'xano]
Viene de un lugar muy lejano.

entfernt, fern
Er kommt aus einem weit entfernten Ort.

---

letrero *m* [le'trero]
El letrero dice que hay habitaciones para alquilar.

Schild, Tafel
Auf der Tafel steht, dass es Zimmer zu vermieten gibt.

---

levantar *v* [leban'tar]
¡Levántalo del suelo!
El padre de la novia levantó su vaso para brindar.

heben, aufheben, hochheben
Heb es vom Boden auf!
Der Vater der Braut hob sein Glas, um anzustoßen.

---

levantarse *v* [leban'tarse]
Acabo de levantarme.

aufstehen, sich erheben
Ich bin gerade aufgestanden.

---

ley *f* ['lei]
Estudio leyes.

Gesetz, Jura
Ich studiere Jura.

---

libertad *f* [liber'tad]
en libertad
libertad de acción
libertad de expresión/de opinión
tomarse la libertad de

Freiheit
frei
Handlungsfreiheit
Meinungsfreiheit
sich die Freiheit nehmen zu

---

libre *adj* ['libre]
La entrada al concierto es libre.

frei
Der Eintritt für das Konzert ist frei.

---

info

Es reicht nicht, allein die Bedeutung eines Wortes zu kennen. Lernen Sie auch stets die Aussprache sowie die grammatikalischen Besonderheiten eines Wortes mit.

---

limpiar *v* [lim'piar]
Este fin de semana tengo que limpiar el apartamento.

putzen, reinigen
Dieses Wochenende muss ich die Wohnung putzen.

---

limpio *adj* ['limpio]
Estos vasos no están limpios.
El agua está limpia.

sauber, rein
Diese Gläser sind nicht sauber.
Das Wasser ist rein.

---

línea *f* ['linea]
La línea está ocupada.
Sobre esta hoja puedes trazar una línea.

Linie, Leitung
Die Leitung ist besetzt.
Auf diesem Blatt kannst du eine Linie ziehen.

lista

lista *f* ['lista]
lista de platos

Liste
Speisekarte

listo *adj* ['listo]
El almuerzo ya está listo.

fertig, bereit, schlau
Das Mittagessen ist schon fertig.

llave *f* ['ʎabe]
He perdido la llave de la casa.
Llava de contacto

Schlüssel
Ich habe den Hausschlüssel verloren.
Zündschlüssel

llegada *f* [ʎe'gada]

Ankunft

llegar *v* [ʎe'gar]
¡Por fin hemos llegado a casa!

ankommen, eintreffen
Endlich sind wir zu Hause angekommen!

lleno *adj* ['ʎeno]
El cine está lleno.

voll
Das Kino ist voll.

llevar *v* [ʎe'bar]
Llevo un año en esta ciudad.
Te llevo a casa (en coche).
Vamos a casa de Julia, ¿llevamos algo para tomar?

(hin)bringen, mitnehmen
Ich bin seit einem Jahr in dieser Stadt.
Ich fahre dich nach Hause.
Wir gehen zu Julia, wollen wir etwas zu trinken mitnehmen?

llorar *v* [ʎo'rar]
Lloró de alegría.

weinen
Er weinte vor Freude.

llover *v* [ʎo'ber]
Ayer llovió.

regnen
Gestern regnete es.

loco *adj* ['loko]
¿Estás loco?

verrückt, wahnsinnig
Bist du wahnsinnig?

lógico *adj* ['loxiko]

logisch

lograr *v* [lo'grar]
Logró olvidar a María.

gelingen
Es gelang ihm, María zu vergessen.

lucha *f* ['lutʃa]
lucha contra la droga

Kampf, Bekämpfung
Drogenbekämpfung

luchar *v* [lu'tʃar]
El gobierno lucha contra la delincuencia.

kämpfen, bekämpfen
Die Regierung bekämpft das Verbrechen.

luego *adv* ['luego]
desde luego
¡Hasta luego!
Primero visitamos un museo, luego fuimos a comer.

danach, dann
selbstverständlich
Bis nachher!
Zuerst besuchten wir ein Museum, danach gingen wir essen.

medicamento

lugar *m* [lu'gar] *en tu/su lugar*	Ort, Stelle *an deiner/Ihrer/seiner/ihrer Stelle*
lujoso *adj* [lu'xoso]	luxuriös
luna *f* ['luna] *luna de miel*	Mond *Flitterwochen*
luz *f* ['luθ] *apagar la luz/encender la luz* *dar a luz*	Licht *das Licht ausmachen/anmachen* *gebären*

m

maduro *adj* [ma'duro]	reif
magnífico *adj* [mag'nifiko]	herrlich, großartig
malentendido *m* [malenten'dido] *Tenemos que aclarar este malentendido inmediatamente.*	Missverständnis *Wir müssen dieses Missverständnis sofort klären.*
maleta *f* [ma'leta]	Koffer
maletero *m* [male'tero]	Kofferraum
malhumor *m* [malu'mor] *La secretaria estaba de malhumor.*	schlechte Laune *Die Sekretärin hatte schlechte Laune.*
maltratar *v* [maltra'tar]	misshandeln
mandar *v* [man'dar] *¿Quién manda en esta casa?*	befehlen, bestimmen, senden, schicken *Wer bestimmt in diesem Haus?*
mapa *m* ['mapa] *¿Donde puedo comprar una mapa?*	Landkarte *Wo kann ich eine Landkarte kaufen?*
mar *m* ['mar]	Meer
matar *v* [ma'tar] *Un hombre armado ha matado a varias personas en el supermercado.*	töten, umbringen *Ein bewaffneter Mann hat mehrere Personen im Supermarkt getötet.*
mecánico *m* [me'kaniko]	Mechaniker
medicamento *m* [medika'mento]	Medikament

 **médico**

médico *m* ['mediko]	Arzt
mediodía *m* [medi̯o'di̯a]	Mittag
mejor *adj, adv* [me'xor] ¿Mejor nos encontramos a las nueve?	besser *Treffen wir uns besser um neun?*
mentir *v* [men'tir] ¡No mientas!	lügen *Lüge nicht!*
menú *m* [me'nu]	Menü, Speisekarte
mermelada *f* [merme'lada]	Marmelade
metro *m* ['metro]	Meter, U-Bahn
mí *pron* ['mi] ¿Me has preguntado a mí?	mir, mich *Hast du mich gefragt?*
microondas *m* [mikro'ondas]	Mikrowelle
miedo *m* ['mi̯edo]	Angst
mientras *adv, konj* ['mi̯entras] Mientras nosotros estábamos leyendo, se apagó la luz.	inzwischen, während *Während wir lasen, ging das Licht aus.*
mío(-a) *pron* ['mi̯o]	meiner, meines, meine
mirar *v* [mi'rar] mirar la televisión/tele	sehen, anblicken, schauen *fernsehen*
mismo *adj, pron* ['mizmo] Me da lo mismo.	dasselbe, gleich, selbst *Das ist mir egal.*
mitad *f* [mi'tad]	Hälfte, Mitte
modo *m* ['modo] de todos modos	Art, Weise *auf jeden Fall*
montaña *f* [mon'taɲa]	Berg, Gebirge
moreno *adj* [mo'reno] Mara es morena y tiene ojos azules.	dunkelhäutig, brünett *Mara ist dunkelhäutig und hat blaue Augen.*
morir *v* [mo'rir] Murió en un accidente de auto.	sterben, umkommen *Er ist bei einem Autounfall ums Leben gekommen.*

necesitar

mueble *m* ['mueble] — Möbel

muerte *f* ['muerte] — Tod

multa *f* ['multa] — Bußgeld, Geldstrafe
Han tenido que pagar una multa de 50 €. — Sie mussten 50 € Strafe zahlen.

mundo *m* ['mundo] — Welt
el tercer mundo — die Dritte Welt
todo el mundo — die ganze Welt/alle
Todo el mundo estaba de acuerdo. — Alle waren einverstanden.

muñeca *f* [mu'ɲeka] — Puppe, Handgelenk
Me he lesionado la muñeca jugando al baloncesto. — Ich habe mir das Handgelenk beim Basketballspielen verletzt.

muro *m* ['muro] — Mauer

n

nacer *v* [na'θer] — geboren werden
Nací el 15 de mayo de 1980. — Ich bin am 15. Mai 1980 geboren.

nadar *v* [na'dar] — schwimmen
aprender a nadar — schwimmen lernen
No sé nadar. — Ich kann nicht schwimmen.

nariz *f* [na'riθ] — Nase
limpiarse/sonarse la nariz — sich die Nase putzen
meter las narices en todo — seine Nase in alles stecken

naturaleza *f* [natura'leθa] — Natur

naturalmente *adv* [natu'ral'mente] — natürlich, selbstverständlich

Navidad *f* [nabi'dad] — Weihnachten
Disfrutamos del ambiente de la Navidad. — Wir genießen die Weihnachtsstimmung.

necesario *adj* [neθe'sario] — notwendig, nötig

necesidad *f* [neθesi'dad] — Notwendigkeit, Bedürftigkeit
en caso de necesidad — im Notfall

necesitar *v* [neθesi'tar] — brauchen, benötigen
Necesitamos dinero. — Wir brauchen/benötigen Geld.
Necesitamos un diccionario de inglés. — Wir brauchen ein Englischwörterbuch.

negociar

negociar v [nego'θiar]
Para comprar esta alfombra tuve que negociar.

handeln, verhandeln
Um diesen Teppich zu kaufen, musste ich verhandeln.

---

negocio m [ne'goθio]
El negocio va bien/marcha bien.
hacer un negocio
hombre de negocios
viaje de negocios

Geschäft, Laden
Das Geschäft läuft gut.
ein Geschäft machen
Geschäftsmann
Geschäftsreise

---

ni konj [ni]
Ni Julio ni Marcos vinieron.

auch nicht, weder ... noch
Weder Julio noch Marcos kamen.

---

niebla f ['niebla]
Conduce con cuidado. Hay niebla.

Nebel
Fahr vorsichtig. Es ist neblig.

---

nieta f ['nieta]

Enkelin

---

nieto m ['nieto]

Enkel

---

nieve f ['niebe]
Cae nieve.
Los árboles están cubiertos de nieve.

Schnee
Es schneit.
Die Bäume sind schneebedeckt.

Nochebuena f [notʃe'buena]
En Nochebuena se reúne toda mi familia.

Weihnachtsabend, Heiligabend
Am Heiligabend versammelt sich meine ganze Familie.

Nochevieja f [notʃe'biexa]
Festejamos la Nochevieja con nuestros amigos.

Silvester
Wir feiern Silvester mit unseren Freunden.

---

nocturno adj [nok'turno]
bus nocturno
clases nocturnas

nächtlich, Nacht-, Abend-
Nachtbus
Abendkurse

---

info

Je öfter Sie die **Vokabeln wiederholen**, desto besser werden sie im Langzeitgedächtnis gespeichert. So sind die Wörter auch noch Jahre später abrufbar!

---

nostalgia f [nos'talxia]

Heimweh, Sehnsucht

---

notar v [no'tar]
Dices que has cambiado, no se nota.

Notamos su nerviosidad.

bemerken, merken
Du sagst, dass du dich verändert hast, davon ist nichts zu merken.
Wir bemerkten seine Nervosität.

notario *m* [no'tarjo]	Notar
novedad *f* [nobe'dad]	Neuigkeit
nube *f* ['nube] *Los precios están por las nubes.*	Wolke *Die Preise sind unheimlich hoch.*
nublado *adj* [nu'blado] *El cielo está nublado.*	wolkig *Der Himmel ist bedeckt.*
nuera *f* ['nuera] *Su nuera ha llamado y ha dejado un recado para usted.*	Schwiegertochter *Ihre Schwiegertochter hat angerufen und hat eine Nachricht für Sie hinterlassen.*
nuestro(-a) *pron* ['nuestro] *¿A quién le pertenece este perro?* *Es nuestro.* *¿A quién le pertenece esta maleta?* *Es nuestra.*	unsere(-r, -s) *Wem gehört dieser Hund?* *Es ist unserer.* *Wem gehört der Koffer?* *Das ist unserer.*

obedecer *v* [obede'θer] *obedecer a alguien/obedecer órdenes*	gehorchen, befolgen *jdm gehorchen/Befehle befolgen*
objetivo *m* [obxe'tibo]	Ziel, Zweck
obligar *v* [obli'gar]	zwingen
obligatorio *adj* [obliga'torjo]	obligatorisch
obra *f* ['obra]	Werk
obrero *m* [o'brero] *Los obreros están en huelga.*	Arbeiter *Die Arbeiter streiken.*
observar *v* [obser'bar] *¡Deja de observar a la secretaria!*	beobachten *Hör auf, die Sekretärin zu beobachten!*
obstáculo *m* [obs'takulo] *No hay ningún obstáculo para nuestra boda.*	Hindernis *Es gibt kein Hindernis für unsere Hochzeit.*
ocasión *f* [oka'sjon] *No he tenido la ocasión de despedirme de ella.*	Gelegenheit *Ich hatte nicht die Gelegenheit, mich von ihr zu verabschieden.*

ocupado

ocupado *adj* [oku'pado]	beschäftigt, besetzt
ocuparse *v* [oku'parse]	sich kümmern
ocurrir *v* [oku'rrir] ¿Qué ocurre?	geschehen, vorkommen *Was ist los?*
ocurrirse *v* [oku'rrirse] No se me ocurre nada.	einfallen *Mir fällt nichts ein.*
odiar *v* [o'diar] Odia a su vecino. Yo odio cocinar.	hassen *Er hasst seinen/ihren Nachbarn.* *Ich hasse kochen.*
odio *m* ['odio] Lo hizo por odio.	Hass *Er tat es aus Hass.*
oferta *f* [o'ferta] hacer una oferta	Angebot *ein Angebot machen*
ofrecer *v* [ofre'θer] Le han ofrecido un buen trabajo. ¿Te puedo ofrecer un café?	anbieten *Man hat ihm eine gute Arbeit angeboten.* *Kann ich dir einen Kaffee anbieten?*
ofrecimiento *m* [ofreθi'miento]	Angebot
oír *v* [o'ir] ¿Me estás oyendo?	hören, zuhören *Hörst du mir zu?*
ojalá *interj* [oxa'la] Ojalá llegue a tiempo.	hoffentlich *Hoffentlich kommt er rechtzeitig.*
ojo *m* ['oxo] ojo de gallo Lo he visto con mis propios ojos.	Auge *Hühnerauge* *Ich habe es mit eigenen Augen gesehen.*
ola *f* ['ola]	Welle
olor *m* [o'lor] Aquí hay mal olor./Huele mal aquí.	Geruch *Hier riecht es schlecht.*
olvidar *v* [olbi'dar] Ha olvidado invitarme. He olvidado su nombre.	vergessen *Er hat vergessen, mich einzuladen.* *Ich habe seinen Namen vergessen.*
opinar *v* [opi'nar] Opino que debemos esperar.	meinen, der Meinung sein *Ich bin der Meinung, dass wir warten sollten.*

paisaje

---

opinión *f* [opi'nion]
dar su opinión
en mi opinión
opinión pública

Meinung, Ansicht
seine Meinung äußern
meiner Meinung nach
öffentliche Meinung

---

oponerse *v* [opo'nerse]
A mí me gustaría vivir sola, pero mi madre se opone.

dagegen sein
Ich würde gern allein wohnen, aber meine Mutter ist dagegen.

---

oposición *f* [oposi'θion]

Opposition

---

ordenador *m* [ordena'dor]
meter/introducir datos en el ordenador
ordenador personal
ordenador portátil
¿Sabes usar/manejar el ordenador?

Computer, PC
Daten in den Computer eingeben
Personalcomputer/PC
Laptop
Kannst du mit dem Computer umgehen?

---

organizar *v* [organi'θar]

organisieren

---

orgulloso *adj* [orgu'ʎoso]
Estoy orgulloso de ti.

stolz
Ich bin stolz auf dich.

---

origen *m* [o'rixen]
Dora es de origen cubano.

Herkunft, Ursprung
Dora ist kubanischer Herkunft.

---

original *adj* [orixi'nal]
Estos documentos no son originales.

original, originell
Diese Urkunden sind nicht die Originale.

---

orilla *f* [o'riʎa]

Ufer, Rand

---

oro *m* ['oro]

Gold

---

oscuridad *f* [oskuri'dad]
En la oscuridad de la habitación tropecé con una silla.

Dunkelheit
In der Dunkelheit des Zimmers stolperte ich über einen Stuhl.

---

oscuro *adj* [os'kuro]

dunkel

---

p

paciente *adj, m* [pa'θiente]
Emilio es un hombre paciente.

geduldig, Patient
Emilio ist ein geduldiger Mann.

---

pago *m* ['pago]

Zahlung, Bezahlung

---

paisaje *m* [pai'saxe]

Landschaft

 **pájaro**

pájaro *m* ['paxaro] | Vogel

palidecer *v* [palide'θer] | erblassen

palpable *adj* [pal'pable] | greifbar

panel *m* [pa'nel]
panel de conexiones
| Anzeigetafel
Schalttafel

pánico *m* ['paniko] | Panik

pañuelo *m* [pa'ɲuelo]
El mundo es un pañuelo.
| Taschen-, Hals-, Kopftuch
Die Welt ist klein.

papa *f* (Am.) ['papa] | Kartoffel

paquete *m* [pa'kete]
He comprado un paquete de arroz.
| Paket, Packung
Ich habe eine Packung Reis gekauft.

parabién *m* [para'bien] | Glückwunsch

parabrisas *m* [para'brisas] | Windschutzscheibe

paracaídas *m* [paraka'idas] | Fallschirm

parada *f* [pa'rada]
parada del autobús/parada final
| Haltestelle
Bushaltestelle/Endstation

paraíso *m* [para'iso] | Paradies

parecer *v* [pare'θer]
Con esas gafas pareces una abuela.

Parece estar enfermo.
Parece que va a llover/nevar.
| scheinen, aussehen
Mit dieser Brille siehst du aus wie eine Oma.
Er scheint krank zu sein.
Es sieht aus, als ob es regnen/schneien wird.

parecerse *v* [pare'θerse]
Las dos hermanas se parecen.
Roberto se parece a su padre.
| ähneln, sich ähneln
Beide Schwester ähneln sich/einander.
Roberto ähnelt seinem Vater.

parecido *adj* [pare'θido] | ähnlich

pareja *f* [pa'rexa]
Julio y María hacen una bonita pareja.
| Paar
Julio und María sind ein schönes Paar.

parentela *f* [paren'tela] | Verwandschaft

pariente *m* [pa'riente] | Verwandter

parte *f* ['parte] — **Teil**
de mi parte — *meinerseits*
¿De parte de quién? — *Wer ist am Apparat?*
en gran parte — *zum großen Teil/größtenteils*

participar *v* [partiθi'par] — **teilnehmen**
Ha dicho que no va a participar en el concurso. — *Er hat gesagt, dass er nicht an dem Wettbewerb teilnehmen wird.*

partida *f* [par'tida] — **Abreise, Abfahrt**

partir *v* [par'tir] — **teilen, abreisen**
a partir de hoy — *von heute an*
Parte la manzana y dale la mitad a tu hermana. — *Teile den Apfel und gib deiner Schwester die Hälfte.*

pasadero *adj* [pasa'dero] — **vorübergehend**

pasado *adj, m* [pa'sado] — **vergangen, Vergangenheit**

pasajero *adj, m* [pasa'xero] — **vorübergehend, Fahrgast**
Los pasajeros ya no tenían paciencia. — *Die Fahrgäste hatten keine Geduld mehr.*

pasaporte *m* [pasa'porte] — **Reisepass**
pasaporte válido — *gültiger Reisepass*

pasar *v* [pa'sar] — **eintreten, überqueren, vergehen**
El tiempo pasa muy rápido. — *Die Zeit vergeht sehr schnell.*
Pasamos la calle lentamente. — *Wir überquerten die Straße langsam.*
¿Qué pasa? — *Was ist los?*

paso *m* ['paso] — **Schritt**

patín *m* [pa'tin] — **Rollschuh**

paz *f* ['paθ] — **Frieden**

pedido *m* [pe'dido] — **Bestellung**
hacer un pedido — *bestellen*

pedir *v* [pe'dir] — **bitten, auffordern, bestellen**
Le pidió que saliera de la habitación. — *Er forderte ihn auf, das Zimmer zu verlassen.*
Le pido que tenga paciencia. — *Ich bitte Sie, sich zu gedulden.*
pedir un favor — *um einen Gefallen bitten*

película *f* [pe'likula] — **Film**

peligro

peligro *m* [pe'ligro]
estar en peligro/estar fuera de peligro
sin peligro

Gefahr
in Gefahr sein/außer Gefahr sein
gefahrlos

---

peligroso *adj* [peli'groso]

gefährlich

---

pelo *m* ['pelo]
pelo corto/largo/liso
pelo negro/rubio
pelo rizado

Haar
kurzes/langes/glattes Haar
schwarzes/blondes Haar
lockiges Haar

---

pena *f* ['pena]
No puedo ir con vosotros. ¡Qué pena!
valer la pena
Ha valido la pena esperar.

Trauer, Kummer
Ich kann nicht mitkommen. Wie schade!
sich lohnen
Es hat sich gelohnt, zu warten.

---

pensamiento *m* [pensa'miento]

Gedanke

---

peor *adj* [pe'or]

schlechter

---

perder *v* [per'der]
Esta mañana hemos perdido el autobús.

verlieren, verpassen
Heute Vormittag haben wir den Bus verpasst.

---

perdonar *v* [perdo'nar]

verzeihen, vergeben

---

perfume *m* [per'fume]
¡Qué bien huele este perfume!

Parfüm
Wie gut dieses Parfüm duftet!

---

periódico *m* [pe'riodiko]
Aún no he leído el periódico de hoy.

Zeitung
Ich habe die Zeitung von heute noch nicht gelesen.

---

permitir *v* [permi'tir]

erlauben, genehmigen

---

perro *m* ['perro]
¡Saca al perro a dar una vuelta!

Hund
Führe den Hund aus!

---

pesado *adj* [pe'sado]
Víctor se pone pesado por las noches.

schwer, lästig
Abends wird Víctor lästig.

---

pescado *m* [pes'kado]

Fisch

---

pesimista *adj* [pesi'mista]
No seas pesimista, mañana todo ira mejor.

pessimistisch
Sei nicht pessimistisch, morgen wird alles besser.

---

peso *m* ['peso]
He subido de peso.

Gewicht
Ich habe zugenommen.

polvo

pez *m* ['peθ]
Mi hijo está como pez en el agua en la nueva escuela.

Fisch
Mein Kind fühlt sich in der neuen Schule wie ein Fisch im Wasser.

piel *f* ['piel]
Se me pone la piel de gallina cuando hace mucho frío.

Haut
Ich bekomme Gänsehaut, wenn es sehr kalt ist.

pierna *f* ['pierna]
*Después de cuatro horas de viaje, bajamos del coche para estirar las piernas.
Me he lesionado la pierna.
Mete las piernas de pollo al horno, por favor.*

Bein, Keule
*Nach vier Stunden Autofahrt stiegen wir aus, um die Beine zu strecken.
Ich habe mir das Bein verletzt.
Lege bitte die Hähnchenkeule in den Backofen.*

pintor *m* [pin'tor]
*Picasso es un pintor.
Te recomiendo al pintor que ha pintado mi piso.*

Maler
*Picasso ist ein Maler.
Ich kann dir den Maler empfehlen, der meine Wohnung gestrichen hat.*

pisar *v* [pi'sar]
¡Ten cuidado! Me has pisado.

treten
Pass auf! Du bist mir auf den Fuß getreten.

piscina *f* [pis'θina]
piscina cubierta

Schwimmbad
Hallenbad

piso *m* (Am.) ['piso]
*¿En qué piso vives?
Estoy buscando un piso.*

Wohnung, Fußboden, Stockwerk
*In welchem Stockwerk wohnst du?
Ich suche eine Wohnung.*

plano *m, adj* ['plano]
*Según el plano el museo no está lejos de aquí.
levantar un plano*

Stadtplan, flach
*Laut dem Stadtplan ist/befindet sich das Museum nicht weit weg von hier.
einen Plan entwerfen*

pobre *adj* ['pobre]
Mi familia es pobre.

arm
Meine Familie ist arm.

pobreza *f* [po'breθa]

Armut

policía *f, m* [poli'θia]
*El policía nos pidió nuestros documentos de identidad.
Tuvimos que llamar a la policía.*

Polizei, Polizist
*Der Polizist fragte nach unseren Ausweisen.
Wir mussten die Polizei anrufen.*

polvo *m* ['polbo]
*El sótano está lleno de polvo.
quitar el polvo*

Staub
*Der Keller ist voller Staub.
abstauben*

 **ponerse**

ponerse v [po'nerse]

ponerse de malhumor
ponerse el sombrero/las gafas
ponerse nervioso

sich anziehen, werden, anfangen
schlechte Laune bekommen
den Hut/die Brille aufsetzen
nervös werden

posibilidad f [posibili'dad]

Möglichkeit

posible adj [po'sible]
Venga cuando le sea posible.

möglich
Kommen Sie, wenn es Ihnen möglich ist.

positivo adj [posi'tibo]

positiv

postal f [pos'tal]

Postkarte

postre m ['postre]
servir los postres

Nachtisch
den Nachtisch auftragen

practicar v [prakti'kar]
practicar deporte

üben
Sport treiben

preferido adj [prefe'rido]
Mi actor preferido es el de la foto.

bevorzugt, Lieblings-
Mein Lieblingsschauspieler ist der auf dem Bild.

preferir v [prefe'rir]

bevorzugen

prejuicio m [pre'xuiθio]
tener prejuicios

Vorurteil
Vorurteile haben

preocupación f [preokupa'θjon]
Déjate de preocupaciones!

Kummer, Sorge, Besorgnis
Mach dir nicht so viele Gedanken!

preocuparse v [preoku'parse]

Te preocupas demasiado, tu hija ya es mayor.

sich kümmern, sich Sorgen machen
Du machst dir zu viele Sorgen, deine Tochter ist schon groß.

presentación f [presenta'θion]

Vorstellung, Aufführung

presentar v [presen'tar]
presentar pruebas
Presente su pasaporte, por favor.

vorstellen, vorlegen, vorzeigen
Beweise vorlegen
Zeigen Sie Ihren Pass bitte vor.

presidente m [presi'dente]
presidente en funciones

Präsident, Vorsitzender
amtierender Präsident

prestar v [pres'tar]
¿Puedes prestarme dinero?

leihen, ausleihen
Kannst du mir Geld leihen?

prometer

pretexto *m* [pre'teksto]
 con el pretexto de
 Piensa en un buen pretexto si no quieres tener problemas.

Vorwand, Ausrede
 unter dem Vorwand
 Überlege dir eine gute Ausrede, wenn du keine Probleme bekommen möchtest.

info

Auf der Welt sprechen ca. 332 Millionen Menschen Spanisch als Muttersprache. Somit gilt Spanisch als **Weltsprache Nr. 2** noch vor Englisch.

principal *adj* [prinθi'pal]
 el problema principal
 la razón principal
 Lo principal es estar juntos.

wesentlich, Haupt-
 das Hauptproblem
 der Hauptgrund
 Hauptsache wir bleiben zusammen.

prisa *f* ['prisa]
 a toda prisa
 de prisa
 Tenemos prisa.

Eile
 in aller Eile
 eilig
 Wir haben es eilig.

prisión *f* [pri'sjon]
 Ha estado un año en prisión.

Gefängnis
 Er ist ein Jahr im Gefängnis gewesen.

probable *adj* [pro'ble]
 Es probable que nos mudemos.

wahrscheinlich
 Es ist wahrscheinlich, dass wir umziehen.

probar *v* [pro'bar]
 ¿Has probado la sopa?

(an)probieren, kosten, versuchen
 Hast du die Suppe gekostet?

programa *f* [pro'grama]
 ¿Tienes el programa de la televisión?

Programm, Vorlesungsverzeichnis
 Hast du das Fernsehprogramm?

progreso *m* [pro'greso]

Fortschritt

prohibir *v* [proi'bir]
 prohibir algo a alguien
 Se prohíbe/Prohibido fumar

verbieten
 jdm etw verbieten
 Rauchen verboten

promesa *f* [pro'mesa]
 Ha cumplido su promesa.
 Han faltado a su promesa.

Versprechen
 Er hat sein Versprechen gehalten.
 Sie haben ihr Versprechen nicht gehalten.

prometer *v* [prome'ter]
 Le prometió escribir.

versprechen
 Er versprach ihm, zu schreiben.

 **pronto**

pronto *adj, adv* ['pronto] Esta mañana me he levantado pronto. Mis padres llegan pronto.	**schnell, bald, früh** Heute morgen bin ich früh aufgestanden. Meine Eltern kommen bald.
propina *f* [pro'pina] dar una propina	**Trinkgeld** Trinkgeld geben
propio *adj* ['propio]	**eigen**
proponer *v* [propo'ner] ¿Qué propones? Yo propongo que vayamos a tomar unas copas.	**vorschlagen** Was schlägst du vor? Ich schlage vor, wir gehen etwas trinken.
proposición *f* [proposi'θion] Le han hecho una proposición de trabajo.	**Vorschlag** Man hat ihm ein Arbeitsangebot gemacht.
protección *f* [protek'θion]	**Schutz**
proteger *v* [prote'xer] El padre protegía a su familia contra los agresores.	**beschützen** Der Vater beschützte seine Familie vor den Angreifern.
provecho *m* [pro'betʃo] ¡Buen provecho!	**Nutzen** Guten Appetit!
proyecto *m* [pro'jekto]	**Unternehmen, Projekt**
prudente *adj* [pru'dente]	**vorsichtig**
prueba *f* ['prueba] a prueba El acusado presentó pruebas de su inocencia. Este reloj es a prueba de agua. No he aprobado la prueba.	**Prüfung, Beweis, Nachweis** stichhaltig Der Angeklagte legte Beweise für seine Unschuld vor. Diese Uhr ist wasserdicht. Ich habe die Prüfung nicht bestanden.
publicar *v* [publi'kar]	**veröffentlichen, herausgeben**
publicidad *f* [publiθi'dad]	**Werbung**
pueblo *m* ['pueblo]	**Dorf**
puente *m* ['puente] Alguien saltó del puente.	**Brücke** Jemand ist von der Brücke gesprungen.
puro *adj* ['puro]	**rein**

quitar

q/r

que *pron, konj* [ke] *El hombre que habla es mi padre.* *Ella dice que no vendrá.* *La casa que compramos tiene un jardín.*	**der, die, das, welche(-r,-s), dass** *Der Mann, der spricht, ist mein Vater.* *Sie sagt, dass sie nicht kommen wird.* *Das Haus, das wir gekauft haben, hat einen Garten.*
quebrantable *adj* [kebran'table]	**zerbrechlich**
quebrar *v* [ke'brar]	**zerbrechen**
quedar *v* [ke'dar] *¿Dónde quedamos?* *¿En qué han quedado?* *Nos queda poco dinero.*	**sich verabreden, verbleiben, übrig bleiben** *Wo treffen/verabreden wir uns?* *Wie sind sie verblieben?* *Uns bleibt wenig Geld übrig.*
quedarse *v* [ke'darse] *quedarse en casa*	**bleiben, zurückbleiben** *zu Hause bleiben*
quehacer *m* [kea'θer]	**Aufgabe**
queja *f* ['kexa]	**Klage, Beschwerde**
quejarse *v* [ke'xarse] *La vecina se quejó del ruido.*	**sich beschweren, klagen** *Die Nachbarin beschwerte sich über den Lärm.*
quemado *adj* [ke'mado]	**verbrannt**
quien *pron* [kien] *Quien no esté de acuerdo, que lo diga.*	**wer** *Wer nicht einverstanden ist, soll es sagen.*

info

Das Fragewort ¿**quién?** hat im Spanischen verschiedene Formen:
¿**Quién** está en casa? (Wer ist zu Hause?)
¿**Quiénes** son María y José? (Wer sind María und José?)

quietud *f* [kie'tud]	**Ruhe**
quitar *v* [ki'tar] *Quítale la tijera a la niña.*	**wegnehmen, entfernen** *Nimm dem kleinen Mädchen die Schere weg.*

 **quitarse**

quitarse v [ki'tarse]	ablegen
radiador m [rradia'dor]	Heizkörper
raro adj ['rraro]	seltsam, merkwürdig, komisch
rasurarse v [rrasu'rarse]	sich rasieren
rato m ['rrato] un buen rato	**Weile** eine ganze Weile
razón f [rra'θon] tener razón	Recht, Vernunft, Verstand Recht haben
reacción f [rreak'θion]	Reaktion
real adj [rre'al]	wirklich
realmente adv [rre'al'mente] ¿Ha ocurrido esta historia realmente?	wirklich, tatsächlich Ist diese Geschichte tatsächlich geschehen?
rebaja f [rre'baxa]	Rabatt, Ermäßigung
recado m [rre'kado] María no está en casa, ¿quiere dejar un recado?	Nachricht, Besorgung María ist nicht da, möchten Sie eine Nachricht hinterlassen?
recepción f [rreθep'θion] Lo mejor es que pregunte en la recepción.	Empfang, Aufnahme, Rezeption Am besten fragen Sie an der Rezeption nach.
receta f [rre'θeta] Para este medicamento necesita receta médica. recetar	Rezept Für dieses Medikament brauchen Sie ein Rezept vom Arzt. ein Rezept verschreiben
recibir v [rreθi'bir] Hemos recibido una postal de Cuba.	bekommen, erhalten Wir haben eine Postkarte aus Kuba bekommen.
recientemente adv [rre'θiente'mente]	vor kurzem, neulich
recitar v [rreθi'tar]	vortragen
reclamación f [rreklama'θion] Haga sus reclamaciones en la recepción, por favor.	Beschwerde Beschweren Sie sich bitte an der Rezeption.

región

reclamar v [rrekla'mar]
Esta habitación no tiene aire acondicionado, tenemos que reclamar.

sich beschweren, reklamieren
Dieses Zimmer hat keine Klimaanlage, wir müssen reklamieren/uns beschweren.

recoger v [rreko'xer]
Los niños recogen sus juguetes.
Voy a recoger a los niños.

abholen, wegräumen
Die Kinder räumen ihr Spielzeug weg.
Ich hole die Kinder ab.

recomendar v [rrekomen'dar]
Te recomiendo que tomes un taxi.

empfehlen
Ich empfehle dir, ein Taxi zu nehmen.

recompensa f [rrekom'pensa]

Belohnung

reconocer v [rrekono'θer]
Estaba oscuro y Mario no me reconoció.

Reconozco haberme equivocado.

erkennen, anerkennen, zugeben
Es war dunkel und Mario erkannte mich nicht.
Ich gebe zu, dass ich mich geirrt habe.

reconocimiento m [rrekonoθi'miento]

Anerkennung

recordar v [rrekor'dar]
Recuérdame, por favor, que tenemos que ir al banco.

erinnern, sich erinnern
Erinnere mich bitte daran, dass wir zur Bank gehen müssen.

recto adj ['rrekto]
Vaya todo recto, el museo no está lejos.

gerade
Gehen Sie immer geradeaus, das Museum ist nicht weit.

recuerdo m [rre'kuerdo]

Erinnerung, Souvenir

referirse v [rrefe'rirse]
¿A quién te refieres?
En lo que se refiere a los negocios, todo va bien.
Me refiero a María.

sich beziehen, meinen
Wen meinst du?
Was die Geschäfte betrifft, so läuft alles gut.
Ich meine María.

refinar v [rrefi'nar]

verfeinern

reflexionar v [rrefleksio'nar]

überlegen, nachdenken

refrigerador m [rrefrixera'dor]

Kühlschrank

regalar v [rrega'lar]

schenken

regar v [rre'gar]
¿Puedes regar las plantas?

gießen
Kannst du die Pflanzen gießen?

región f [rre'xion]

Gegend, Gebiet, Region

registro

registro *m* [rre'xistro] | Anmeldung

regresar *v* [rregre'sar]
Mi tío regresó de su viaje.
| zurückkommen, zurückkehren
Mein Onkel ist von seiner Reise zurückgekehrt.

reina *f* ['rreina]
Coronaron a la reina.
| Königin
Die Königin wurde gekrönt.

reír *v* [rre'ir]
Los niños me hacían reír.
¿Por qué ríes?
| lachen
Die Kinder brachten mich zum Lachen.
Warum lachst du?

relación *f* [rrela'θion]
Habla con él, tiene buenas relaciones.
No hay/existe ninguna relación entre los dos sucesos.
| Beziehung, Zusammenhang
Sprich mit ihm, er hat gute Beziehungen.
Es besteht kein Zusammenhang zwischen beiden Ereignissen.

relajarse *v* [rrela'xarse]
Estás muy tensa, tienes que relajarte.
| sich entspannen
Du bist sehr angespannt, du solltest dich entspannen.

renta *f* ['rrenta] | Rente, Zins

repartición *f* [rreparti'θion] | Verteilung

reportar *v* [rrepor'tar] | melden

representante *m, f* [rrepresen'tante] | Vertreter(in)

repulsa *f* [rre'pulsa] | Weigerung

reservación *f* [rreserba'θion]
Es mejor hacer una reservación.
| Reservierung, Buchung
Es ist besser, eine Reservierung zu machen.

reservar *v* [rreser'bar]
Hemos reservado un pasaje.
| reservieren, buchen
Wir haben eine Fahrkarte/ein Ticket gebucht.

resfriado *adj, m* [rres'friado]
Óscar está resfriado.
| erkältet, Erkältung
Óscar ist erkältet.

resolver *v* [rresol'ber]
resolver las dudas
| lösen
seine Zweifel beseitigen

respectivamente *adv* [rrespek'tiba'mente] | jeweils

robusto

respetar *v* [rrespe'tar] — respektieren, achten, beachten
Respeta mucho a su padre. — *Er respektiert seinen Vater sehr.*

responsabilidad *f* [rresponsabili'dad] — Verantwortung
tener la responsabilidad — *die Verantwortung tragen*

responsable *adj* [rrespon'sable] — verantwortlich
hacerse responsable de algo — *die Verantwortung für etw übernehmen*
Usted es responsable de sus hijos. — *Sie sind für Ihre Kinder verantwortlich.*

restaurar *v* [rrestau'rar] — renovieren

resultado *m* [rresul'tado] — Ergebnis

retocar *v* [rreto'kar] — überarbeiten

retraso *m* [rre'traso] — Verspätung
El tren tiene/lleva retraso de una hora. — *Der Zug hat eine Stunde Verspätung.*

reunión *f* [rreu'nion] — Treffen, Versammlung
estar en una reunión — *in einer Besprechung/Sitzung sein*

revalidar *v* [rrebali'dar] — anerkennen

revisar *v* [rrebi'sar] — überprüfen, kontrollieren
El mecánico revisó primeramente las ruedas del coche. — *Der Mechaniker überprüfte zuerst die Reifen des Wagens.*

revista *f* [rre'bista] — Zeitschrift
He comprado revistas para no aburrirme durante el viaje. — *Ich habe mir Zeitschriften gekauft, damit ich mich während der Reise nicht langweile.*

rey *m* ['rrei] — König
Acompañaban al rey su esposa y sus hijos. — *Der König wurde von seiner Frau und seinen Kindern begleitet.*

riesgo *m* ['rriesgo] — Risiko
No podemos correr el riesgo de perder clientes. — *Wir können nicht das Risiko eingehen, Kunden zu verlieren.*

risa *f* ['rrisa] — Lachen, Gelächter

robar *v* [rro'bar] — stehlen, rauben

robo *m* ['rrobo] — Diebstahl

robusto *adj* [rro'busto] — kräftig

rodeo

rodeo *m* [rro'd<u>eo</u>] | Umweg

romántico *adj* [rro'mantiko] | romantisch

romper *v* [rrom'per] | zerbrechen, brechen, zerreißen

rompible *adj* [rrom'pible] | zerbrechlich

ropero *m* (Am.) [rro'pero]
Dobla la ropa y métela en el ropero, por favor. | Kleiderschrank
Falte die Wäsche zusammen und lege sie bitte in den Kleiderschrank.

rosa *f* ['rrosa] | Rose

rostro *m* ['rrostro] | Gesicht

rueda *f* ['rr<u>ue</u>da]
cambiar una rueda | Rad, Reifen
einen Reifen wechseln

rumor *m* [rru'mor] | Gerücht

S

sabroso *adj* [sa'broso] | köstlich

sacar *v* [sa'kar]
Saca la mantequilla del refrigerador. | herausholen, herausnehmen
Hol die Butter aus dem Kühlschrank.

sacudir *v* [saku'dir] | schütteln

sala *f* ['sala] | Wohnzimmer, Raum, Saal

salario *m* [sa'lar<u>io</u>]
El salario del marido no alcanzaba para la mantención/manutención de toda la familia. | Lohn
Der Lohn des Mannes reichte nicht für den Unterhalt der ganzen Familie.

saliente *m* [sa'l<u>ien</u>te] | Vorsprung

salvaje *adj* [sal'baxe]
Ese animal es salvaje, no se puede jugar con él. | wild
Das Tier ist wild, man kann nicht mit ihm spielen.

salvar *v* [sal'bar]
¡Sálvese el que/quien pueda! | retten
Rette sich, wer kann!

sandía *f* [san'd<u>ia</u>] | Wassermelone

severo

sangre *f* ['sangre] *a sangre fría* *donar sangre*	**Blut** *kaltblütig* *Blut spenden*
sangría *f* [san'gria]	**spanische Rotweinbowle**
sano *adj* ['sano]	**gesund**
satisfecho *adj* [satis'fetʃo]	**zufrieden, satt**
secar *v* [se'kar] *Yo lavo los platos, y tú los secas.*	**trocknen, abtrocknen** *Ich spüle die Teller und du trocknest sie ab.*
secreto *m* [se'kreto] *Me ha confiado un secreto.*	**Geheimnis** *Er hat mir ein Geheimnis anvertraut.*
según *prep, adv* [se'gun] *Según él, no sé cocinar.*	**nach, laut, je nachdem** *Laut ihm kann ich nicht kochen.*
seguridad *f* [seguri'dad]	**Sicherheit**
semáforo *m* [se'maforo] *Podemos pasar, el semáforo está en verde.*	**Ampel** *Wir können die Straße überqueren, die Ampel ist grün.*
señalar *v* [seɲa'lar] *La señora señaló los melocotones y preguntó el precio.*	**zeigen, kennzeichnen** *Die Frau zeigte auf die Pfirsiche und fragte nach dem Preis.*
sensible *adj* [sen'sible] *Tiene una piel muy sensible.*	**empfindlich** *Er hat eine sehr empfindliche Haut.*
sentarse *v* [sen'tarse] *estar sentado*	**sich (hin)setzen, Platz nehmen** *sitzen*
sentido *m* [sen'tido] *en sentido figurado*	**Sinn** *im übertragenen Sinn*
sentimiento *m* [senti'miento] *Tú no muestras tus sentimientos.*	**Gefühl** *Du zeigst deine Gefühle nicht.*
sentirse *v* [sen'tirse]	**sich fühlen**
separación *f* [separa'θion]	**Trennung**
seto *m* ['seto]	**Zaun**
severo *adj* [se'bero]	**streng**

sexo

sexo *m* ['sekso] — Geschlecht

si *konj* [si] — wenn, falls, ob
Si tengo dinero suficiente, compro/compraré un auto. — Wenn ich genug Geld habe, kaufe ich mir ein Auto.

siesta *f* ['si̯esta] — Siesta, Mittagsruhe
dormir/hacer la siesta — Mittagsruhe halten

signo *m* ['signo] — Zeichen

silencio *m* [si'lenθi̯o] — Schweigen, Stille
Como reinaba un silencio embarazoso, encendimos la radio. — Da eine peinliche Stille herrschte, machten wir das Radio an.
guardar silencio — schweigen

sincero *adj* [sin'θero] — ehrlich

sinfín *m* [sin'fin] — Unmenge

situación *f* [situ̯a'θi̯on] — Lage
bien situaciónado — wohlhabend

sobrar *v* [so'brar] — übrig bleiben

sobrepasar *v* [sobrepa'sar] — überragen

sobrevivir *v* [sobrebi'bir] — überleben

sobrina *f* [so'brina] — Nichte

sobrino *m* [so'brino] — Neffe

sociedad *f* [soθi̯e'dad] — Gesellschaft

socorro *m* [so'korro] — Hilfe
acudir en socorro de alguien — jdm zu Hilfe eilen
pedir socorro — um Hilfe bitten

soledad *f* [sole'dad] — Einsamkeit

sólo *adv* ['solo] — nur

soltar *v* [sol'tar] — loslassen

sombra *f* ['sombra] — Schatten
La niña está sentada en la sombra. — Das kleine Mädchen sitzt im Schatten.

sombrilla *f* [som'briʎa] — Sonnenschirm

supuesto

soñar v [so'ɲar] *Esta noche he soñado contigo.*	träumen *Heute Nacht habe ich von dir geträumt.*
sonreír v [sonre'ir] *sonreír a alguien*	lächeln *jdm zulächeln*
soportar v [sopor'tar] *No soporto a este tipo.*	ertragen, aushalten *Ich halte diesen Kerl nicht aus.*
sorprender v [sorpren'der] *Me sorprende que no lo sepas.*	überraschen, wundern *Es wundert mich, dass du es nicht weißt.*
sorpresa f [sor'presa] *coger por/de sorpresa* *llevarse una sorpresa*	Überraschung *überraschen* *eine Überraschung erleben*
sosegar v [sose'gar]	beruhigen
suave adj ['suabe]	weich, sanft

info

Legen Sie beim Lernen regelmäßig **Pausen** ein und überfordern Sie sich nicht. Sie werden selbst merken, wie viele Wörter Sie sich am Stück einprägen können. Weniger ist oft mehr!

suelo m ['suelo]	Fußboden
sueño m ['sueɲo] *tener sueño*	Traum *schläfrig sein*
suéter m ['sueter] *Este suéter le pertenece a mi hermana.*	Pullover *Dieser Pullover gehört meiner Schwester.*
suficiente adj [sufi'θiente]	genug, genügend, ausreichend
sufrir v [su'frir]	leiden
sugerencia f [suxe'renθia]	Vorschlag
sugerir v [suxe'rir]	vorschlagen
suma f ['suma]	Summe, Betrag
suministrable adj [suminis'trable]	lieferbar
suponer v [supo'ner]	annehmen, vermuten
supuesto adj [su'puesto]	angeblich

sur

sur *m* ['sur]	Süden
surtido *m* [sur'tido]	Sortiment
sustento *m* [sus'tento]	Lebensunterhalt
suyo(-a) *pron* ['sujo, 'suja] ¿El coche es tuyo o suyo?	seine(-r), ihre(-r), Ihre(-r) *Ist der Wagen deiner oder seiner/ihrer?*

t

talla *f* ['taʎa] El pantalón me gusta, ¿tiene una talla más pequeña?	Größe *Die Hose gefällt mir. Haben Sie sie in einer kleineren Größe?*
taller *m* [ta'ʎer]	Werkstatt
tamaño *adj* [ta'maɲo]	groß
tan *adv* ['tan] José caminaba tan rápido, que no pude seguirle. tan … como Julio está tan cansado como Mario.	so *José ging so schnell, dass ich ihm nicht folgen konnte.* genauso … wie *Julio ist genauso müde wie Mario.*
tanque *m* ['tanke]	Tank
tanto *adv, adj* ['tanto] Hay tanta gente que busca trabajo. Pepa trabaja tanto como Rosa.	so viel, soviel, genauso viel wie *Es gibt so viele Leute, die Arbeit suchen.* *Pepa arbeitet so viel wie Rosa.*
tardanza *f* [tar'danθa]	Verzögerung
tarea *f* [ta'rea] Si no haces tus tareas, no irás a jugar con tus amigos.	Aufgabe, Hausaufgabe *Wenn du deine Hausaufgaben nicht machst, wirst du nicht mit deinen Freunden spielen gehen.*
tarta *f* ['tarta]	Torte
teclado *m* [te'klado]	Tastatur
temblar *v* [tem'blar] De pronto tembló el suelo bajo nuestros pies. Temblábamos de frío.	zittern, beben *Plötzlich bebte der Boden unter unseren Füßen.* *Wir zitterten vor Kälte.*

temblor *m* [tem'blor]
  temblor de tierra

Zittern
  Erdbeben

temer *v* [te'mer]

fürchten

temible *adj* [te'mible]

fürchterlich

temperatura *f* [tempera'tura]
  La temperatura ha aumentado hoy.
  tener temperatura

Temperatur
  Die Temperatur ist heute angestiegen.
  Fieber haben

tempestad *f* [tempes'tad]

Sturm

tendencia *f* [ten'denθia]
  tendencia alcista

Tendenz
  Aufwärtstrend

tener *v* [te'ner]
  tener dolor de cabeza
  tener fiebre
  tener hambre/sed

haben, besitzen, müssen
  Kopfschmerzen haben
  Fieber haben
  Hunger/Durst haben

terraza *f* [te'rraθa]

Terrasse

terrible *adj* [te'rrible]
  Nos dieron una noticia terrible.

schrecklich, entsetzlich
  Wir bekamen eine schreckliche Nachricht.

tetera *f* [te'tera]

Teekanne

tez *f* [teθ]

Gesichts-/Hautfarbe

ti *pron* ['ti]
  Cuéntame algo de ti.
  La carta es para ti.

dich, dir
  Erzähl etwas von dir.
  Der Brief ist für dich.

tía *f* ['tia]

Tante

tibio *adj* ['tibio]

lauwarm

tierra *f* ['tierra]
  ¡Tierra a la vista!

Erde, Erdboden, Land
  Land in Sicht!

tijera *f* [ti'xera]
  tijeras para las uñas

Schere
  Nagelschere

tímido *adj* ['timido]
  Anna es una chica tímida.

schüchtern, scheu
  Anna ist ein scheues Mädchen.

tío *m* ['tio]
  No conozco a ese tío. ¿Qué quiere?

Onkel, Typ
  Ich kenne den Typ da nicht. Was will er?

 **típico**

típico *adj* ['tipiko]
La paella es una comida típica de España.

typisch
Die Paella ist ein typisches Gericht aus Spanien.

titubear *v* [titube'ar]

schwanken

toalla *f* [to'aʎa]
No han cambiado las toallas esta mañana.

Handtuch
Man hat die Handtücher heute Morgen nicht gewechselt.

tocar *v* [to'kar]
¿A quién le toca?
Mi tía está tocando la guitarra.
No toque ese cuadro, por favor.
Tocó el timbre dos veces.

berühren, spielen, klingeln
Wer ist an der Reihe?
Meine Tante spielt Gitarre.
Berühren Sie bitte nicht das Bild.
Er klingelte zweimal.

todavía *adv* [toda'bia]
Todavía no hemos comido.

noch
Wir haben noch nicht gegessen.

tolerable *adj* [tole'rable]

erträglich

tolerancia *f* [tole'ranθia]
La tolerancia es importante para poder vivir en paz.

Toleranz
Die Toleranz ist wichtig, um in Frieden leben zu können.

tolerante *adj* [tole'rante]

tolerant

tonto *adj* ['tonto]
No te hagas el tonto. Sabes a que me refiero.

dumm
Stell dich nicht dumm. Du weißt, was ich meine.

torcer *v* [tor'θer]
En la calle siguiente tiene que torcer a la derecha.

abbiegen, beugen
Bei der nächsten Straße müssen Sie nach rechts abbiegen.

tormenta *f* [tor'menta]
La tormenta pasó afortunadamente.

Gewitter, Sturm
Das Gewitter zog glücklicherweise vorüber.

tornar *v* [tor'nar]

zurückkehren

torta *f* (Am.) ['torta]
¿Me das un pedazo de torta?

Kuchen, Torte
Gibst du mir ein Stück Kuchen?

tortilla *f* [tor'tiʎa]
La tortilla de maíz estaba muy buena.

Omelett, Mais-/Mehlfladen
Der Maisfladen schmeckte sehr gut.

tos *f* ['tos]
tener tos

Husten
husten/Husten haben

tuyo

tradición *f* [tradi'θion]
Muchos jóvenes rompen con la tradición de sus padres.

Tradition
Viele Jugendliche brechen mit der Tradition ihrer Eltern.

---

traducir *v* [tradu'θir]
Traducimos del inglés al alemán.

übersetzen
Wir übersetzen aus dem Englischen ins Deutsche.

---

tráfico *m* ['trafiko]
Los fines de semana aumenta el tráfico en la autopista.
tráfico de drogas

Straßenverkehr, Verkehr
Der Verkehr auf der Autobahn nimmt an den Wochenenden zu.
Drogenhandel

---

traje *m* ['traxe]

Anzug

---

tranquilidad *f* [trankili'dad]
La tranquilidad del campo me relaja.

Ruhe
Die Ruhe auf dem Land entspannt mich.

---

transferencia *f* [transfe'renθia]
Se trata de una transferencia de 1000 €.

hacer una transferencia
transferencia de divisas

Überweisung, Transfer
Es geht um eine Überweisung von 1000 €.
überweisen
Devisentransfer

---

transferir *v* [transfe'rir]
transferir/girar dinero a una cuenta

überweisen
Geld auf ein Konto überweisen

---

transporte *m* [trans'porte]
transporte marítimo

Transport
Beförderung per Schiff

---

tranvía *m* [tran'bia]

Straßenbahn

---

tratar *v* [tra'tar]
En este estudio trata el tema desde otro punto de vista.
tratar de tú/tratar de usted

behandeln
In dieser Studie behandelt er das Thema von einem anderen Gesichtspunkt aus.
duzen/siezen

---

tratarse *v* [tra'tarse]
¿De qué se trata esta novela?

sich handeln um
Worum geht es in diesem Roman?

---

trecho *m* ['tretʃo]

Strecke, Stück

---

trocar *v* [tro'kar]

tauschen

---

trueque *m* ['trueke]

Tausch

---

tuyo(-a) *pron* ['tujo]
Mi bolso es ligero, el tuyo es pesado.

deine(-r, -s)
Meine Handtasche ist leicht, deine ist schwer.

u/v/w

u *konj* [u]
¿Quién me acompaña? ¿Julio u Óscar?

oder
Wer begleitet mich? Julio oder Óscar?

ubicación *f* [ubika'θion]

Stelle, Platz

últimamente *adv* ['ultima'mente]

in letzter Zeit

último *adj* ['ultimo]
La última vez no pudimos hablar.

letzte(-r, -s)
Das letzte Mal konnten wir nicht reden.

ultramar *m* [ultra'mar]

Übersee

unirse *v* [u'nirse]

sich zusammenschließen

universalidad *f* [unibersali'dad]

Allgemeinheit

universo *m* [uni'berso]

Universum

urbe *f* ['urbe]

Großstadt

urgencia *f* [ur'xenθia]
en caso de urgencia

Notfall
im Notfall

utilización *f* [utili'θaθion]

Verwendung

uva *f* ['uba]

Traube

vacaciones *f, pl* [baka'θiones]
ir de vacaciones
tener vacaciones
tomar vacaciones

Urlaub
in Urlaub fahren
Ferien haben
Urlaub nehmen

vacío *adj* [ba'θio]

leer

vagar *v* [ba'gar]

bummeln

vagón *m* [ba'gon]

Waggon

vainilla *f* [bai'niʎa]
vainilla azucarada

Vanille
Vanillezucker

valedero *adj* [bale'dero]

gültig, geltend

valentía *f* [balen'tia]

Mut, Tapferkeit

ventanilla

valer *v* [ba'ler]
¿Cuánto vale este libro?
Su billete/ticket ya no vale.
vale la pena

kosten, wert/gültig sein
Was kostet dieses Buch?
Ihr Fahrschein/Ticket ist nicht mehr gültig.
es lohnt sich

---

valiente *adj* [ba'liente]

brav, tapfer

---

valija *f* [ba'lixa]

Handkoffer

---

valioso *adj* [ba'lioso]

kostbar

---

valle *m* ['baʎe]
El paisaje del valle me fascinó.

Tal
Die Landschaft des Tals faszinierte mich.

---

valoración *f* [balora'θion]
veloración del personal

Bewertung
Personalbeurteilung

---

vecino *m* [be'θino]
Rara vez vemos a nuestro vecino, siempre está en viaje de negocios.

Nachbar
Wir sehen unseren Nachbarn selten, er ist immer auf Geschäftsreise.

---

vedar *v* [be'dar]

untersagen

---

vehículo *m* [be'ikulo]

Fahrzeug

---

vela *f* ['bela]

Kerze

---

velero *m* [be'lero]

Segelboot

---

velocidad *f* [beloθi'dad]
exceso de velocidad

ir/conducir a toda velocidad

Geschwindigkeit
allzu große Geschwindigkeit/zu schnelles Fahren
rasen

---

vendido *adj* [ben'dido]

ausverkauft

---

venida *f* [be'nida]

Ankunft

---

venta *f* ['benta]
Esta casa está en venta.

Verkauf
Dieses Haus ist zu verkaufen.

---

ventaja *f* [ben'taxa]

Vorteil, Nutzen

---

ventana *f* [ben'tana]

Fenster

---

ventanilla *f* [benta'niʎa]
Las entradas para el concierto de esta noche se venden en la ventanilla 2.

Schalter
Die Eintrittskarten für das Konzert von heute Abend werden am Schalter 2 verkauft.

 **ventilación**

ventilación *f* [bentila'θi̱o̱n]	Belüftung
vergüenza *f* [ber'gu̱e̱nθa] *tener vergüenza*	Scham, Schande *sich schämen*
verificación *f* [berifika'θi̱o̱n]	Beobachtung
vestirse *v* [bes'tirse]	sich anziehen
vibración *f* [bibra'θi̱o̱n]	Schwingung
víctima *f* ['biktima]	Opfer
viento *m* ['bi̱e̱nto] *Está haciendo viento.*	Wind *Es ist windig.*
vientre *m* ['bi̱e̱ntre]	Bauch
vigilancia *f* [bixi'lanθi̱a̱] *personal de vigilancia*	Aufsicht *Wachpersonal*
vinagre *m* [bi'nagre]	Essig
violencia *f* [bi̱o̱'lenθi̱a̱]	Gewalt
violín *m* [bi̱o̱'lin] *Tocaba violín desde su infancia.*	Geige *Er spielt seit seiner Kindheit Geige.*
visa *f* ['bisa] *Tuve que pagar por la visa/el visado.*	Visum *Ich musste für das Visum bezahlen.*
viscoso *adj* [bis'koso]	zähflüssig
visible *adj* [bi'sible]	sichtbar
visita *f* [bi'sita] *Este fin de semana tenemos visita.*	Besuch *Dieses Wochenende haben wir Besuch.*
visitar *v* [bisi'tar] *Ven a visitarme el sábado, si tienes tiempo.*	besuchen *Besuche mich am Samstag, wenn du Zeit hast.*
visualización *f* [bisu̱a̱liθa'θi̱o̱n] *visualización en pantalla*	Veranschaulichung *Bildschirmanzeige*
vitalidad *f* [bitali'dad]	Lebenskraft
viudo *adj* ['bi̱u̱do] *El señor Peralta es viudo.*	Witwer *Herr Peralta ist Witwer.*

xenofobia

vivacidad *f* [bibaθi'dad]	**Lebhaftigkeit**
vivaracho *adj* [biba'ratʃo]	**lebhaft**
vivienda *f* [bi'bienda]	**Wohnung**
vocabulario *m* [bokabu'lario] *vocabulario especializado*	**Wortschatz** *Fachwortschatz*
volar *v* [bo'lar] *La mariposa volaba de flor en flor.*	**fliegen** *Der Schmetterling flog von Blüte zu Blüte.*

> **info**
>
> Bilden Sie mit den gelernten Vokabeln **eigene Beispielsätze**. So können Sie selbst überprüfen, ob Sie nur die Bedeutung eines Wortes kennen oder ob Ihnen auch die Anwendung im Satz bzw. in der Kommunikation gelingt.

voluntario *adj* [bolun'tario] *ofrecerse voluntario para algo*	**freiwillig** *sich für etw freiwillig melden*
voluntarioso *adj* [bolunta'rioso]	**eigenwillig**
volverse *v* [bol'berse]	**sich umdrehen**
vomitar *v* [bomi'tar]	**erbrechen**
vuelo *m* ['buelo] *vuelo en globo*	**Flug** *Ballonfahrt*
vulgar *adj* [bul'gar]	**gewöhnlich**
vulgarizar *v* [bulgari'θar]	**vereinfachen**
vulnerabilidad *f* [bulnerabili'dad]	**Verletzbarkeit**

x/y/z

waffle *m* ['bafel]	**Waffel**
váter *m* ['bater]	**Toilette**
xenofobia *f* [kseno'fobia]	**Ausländerfeindlichkeit**

yacer

yacer v [jaˈθer]	**liegen**
yate m [ˈjate]	**Jacht**
yerba f [ˈjerba] Estaban sentados sobre la yerba. mala yerba	**Kraut, Gras** Sie saßen im Gras. Unkraut
yerno m [ˈjerno]	**Schwiegersohn**
yerro m [ˈjerro] yerro de imprenta	**Irrtum, Fehler** Druckfehler
zaguán m [θaguˈan]	**Hausflur**
zalamería f [θalameˈria]	**Schmeichelei**
zambullir v [θamˈbuʎir]	**eintauchen**
zanahoria f [θanaˈoria]	**Karotte, Mohrrübe**
zapatería f [θapateˈria]	**Schuhgeschäft**
zona f [ˈθona] En esta zona viven mis amigos. zona peatonal	**Zone, Gebiet, Viertel** In diesem Viertel wohnen meine Freunde. Fußgängerzone
zoológico m [θooˈloxiko] En el zoológico hemos visto muchos animales.	**Tierpark, Zoo** Im Tierpark haben wir viele Tiere gesehen.
zorro m [ˈθorro] Dicen que es un zorro astuto.	**Fuchs** Es heißt, dass er ein schlauer Fuchs ist.
zumbar v [θumˈbar] Me zumban los oídos.	**summen** Mir dröhnen die Ohren.
zurcir v [θurˈθir]	**stopfen**

Zwischenmenschliche Beziehungen

Zwischenmenschliche Beziehungen

¡Buenos días!	Guten Morgen!
¡Buenas tardes!	Guten Tag!
¡Chau!	Tschüss!
¡Hasta mañana!	Bis morgen.
¡Hasta luego!	Bis später!
¡Hola! ¿Qué tal?	Hallo! Wie geht's?
Bien gracias. ¿Y usted?	Gut, danke. Und Ihnen?
Muy bien gracias.	Sehr gut, danke.
¿Y tú? ¿Cómo estás?	Und wie geht es dir?
¡Adiós!	Auf Wiedersehen!
!Buenas noches!	Guten Abend!/Gute Nacht!
¿Cómo se llama usted?	Wie heißen Sie?
Me llamo ...	Ich heiße ...
Permítame presentarle al señor ...	Darf ich Ihnen Herrn ... vorstellen?
Te presento a un amigo.	Darf ich dir einen Freund vorstellen?
Encantada.	Sehr erfreut.
Mucho gusto.	Sehr angenehm.
¿Le molesto?	Störe ich Sie?
No, todo lo contrario.	Nein, im Gegenteil.
Hola, tú no eres de aquí, ¿verdad?	Hallo, du bist nicht von hier, nicht wahr?
Te equivocas. Yo siempre he vivido aquí.	Da irrst du dich. Ich wohne schon immer hier.
¿Y de dónde es usted?	Und woher kommen Sie?

Zwischenmenschliche Beziehungen

Soy de Múnich.	Ich komme aus München.
¿Y dónde ha aprendido español?	Und wo haben Sie Spanisch gelernt?
Habla muy bien.	Sie sprechen sehr gut.
Gracias. El español me gusta extremadamente.	Danke. Spanisch gefällt mir ausgesprochen gut.
¿Y qué profesión tiene?	Und was sind Sie von Beruf?
¿Qué hace?/¿Qué haces?	Was machen Sie/machst du?/ Was machen Sie/machst du beruflich?
Soy ...	Ich bin ...
¿Dónde trabaja?	Wo arbeiten Sie?
Trabajo en (una empresa).	Ich arbeite bei (einer Firma).
Soy doctor. ¿Y usted?	Ich bin Arzt. Und Sie?
¿Qué edad tiene?	Wie alt sind Sie?
Tengo ... años.	Ich bin ... Jahre alt.
¿Dónde quedamos?	Wo treffen wir uns?
¿Quedamos a las 8.00 de la noche?	Treffen wir uns um 8.00 Uhr abends?
¡Bienvenida a nuestra ciudad!	Willkommen in unserer Stadt!
¿Es la primera vez que viene?	Bist du zum ersten Mal hier?
¿Conoces a ...?	Kennst du ...?
¿Cómo puedo contactarle?	Wie kann ich Sie erreichen?
¿Me puede dar su número?	Können Sie mir Ihre Telefonnummer geben?
Mi número de teléfono es ...	Meine Telefonnummer ist ...
Mi dirección es ...	Meine Adresse ist ...
¿Podemos tutearnos?	Wollen wir uns duzen?

Emotionen äußern

¡Espero verlo pronto!	Kommen Sie bald wieder!/ Ich hoffe, ich sehe Sie bald wieder!
Ha sido un gusto conocerlo.	Es war ein Vergnügen, Sie kennen gelernt zu haben.
Me despido, tengo una cita con ...	Ich muss mich verabschieden, ich habe eine Verabredung mit ...
Lo siento, pero tengo que marcharme.	Es tut mir Leid, aber ich muss gehen.
Me gustaría quedarme, pero ...	Ich würde gerne bleiben, aber ...
Déle mis recuerdos a su esposa/ esposo.	Grüßen Sie Ihre Frau/Ihren Mann von mir.
¡Hasta la próxima!	Bis zum nächsten Mal!

Emotionen äußern

¡Fantástico!	Fantastisch!
¡Estupendo!	Großartig!/Toll!/Klasse!
¡Maravilloso!	Wunderbar!
Me gusta ...	Mir gefällt ...
Me encanta ...	Ich liebe .../... begeistert mich.
Estoy contento.	Ich bin froh.
Estoy bien.	Mir geht es gut.
Estoy satisfecho con ...	Ich bin mit ... zufrieden.
Realmente no puedo quejarme.	Ich kann mich wirklich nicht beklagen.
Me daría mucho gusto que ...	Es würde mich sehr freuen, wenn ...
¡Qué alegría volver a verte!	So eine Freude, dich wieder zu sehen!

Emotionen äußern

Me alegra ...	Es freut mich ...
Me alegro por ti.	Ich freue mich für dich.
Me parece muy bien.	Ich finde es sehr gut.
Es muy simpático.	Er ist sehr sympathisch.
Disfruto mucho de su compañía.	Ich genieße seine Gesellschaft sehr.
¡Qué bien!	Sehr schön!/Wie schön!/Super!
¡Qué día hermoso!	So ein schöner Tag!/Was für ein herrlicher Tag!
¡Qué lugar más tranquilo!	So ein ruhiger Ort!
¡Esta comida está deliciosa!	Diese Speise schmeckt köstlich!
¡Qué emoción!	Wie aufregend!
Espero que te encuentres bien.	Ich hoffe, dir geht es gut.
Espero que todo esté bien.	Ich hoffe, alles ist in Ordnung.
Eso no me gusta nada.	Das gefällt mir überhaupt nicht.
Él/Ella no me gusta nada.	Ich mag ihn/sie überhaupt nicht.
¡Qué horror!	Wie schrecklich!
Odio ...	Ich hasse ...
¡Me da tanta rabia!	Das macht mich so wütend!
¡Le tengo tanta rabia!	Ich bin so wütend auf ihn/sie!
Me disgusta que ...	Mich ärgert, dass ...
He tenido un disgusto.	Ich habe Ärger gehabt.
¡Es increíble!	Es ist unglaublich!
¡Lo siento mucho!	Es ist mir sehr unangenehm!
¡Es inconcebible!	Es ist unfassbar!
No soporto ...	Ich ertrage ... nicht.

Bitten, Aufforderungen, Fragen

Me aburro.	Ich langweile mich.
Estoy harto de ...	Ich habe es satt, zu ...
Me pones nerviosa.	Du machst mich nervös.
Me preocupo por ...	Ich mache mir Sorgen um ...
No te preocupes!	Mach dir keine Sorgen!
Me ha decepcionado.	Er hat mich enttäuscht.
Te hemos extrañado mucho.	Wir haben dich sehr vermisst.
Lamento ...	Es tut mir Leid .../Ich bedaure ...
¡Qué pena!	Wie schade!
Me pone triste ...	... macht mich traurig.
Tengo miedo a ...	Ich habe Angst vor ...
¡Qué susto!	So ein Schreck!

Bitten, Aufforderungen, Fragen

Disculpe, ...	Entschuldigen Sie, ...
Perdona, ¿dónde está la plaza ... ?	Entschuldigen Sie, wo befindet sich die Plaza ... ?
Disculpe, busco la calle ...	Entschuldigen Sie, ich suche die ... Straße.
Disculpe, ¿cómo llego a la estación central?	Verzeihen Sie, wie komme ich zum Hauptbahnhof?
¿Me puede indicar la ruta a ... ?	Können Sie mir den Weg nach ... zeigen?
Siga todo derecho/recto.	Gehen Sie immer geradeaus.
Tome la primera calle a la derecha hacia el semaforo.	Nehmen Sie die erste Straße rechts nach der Ampel.
Tiene que doblar/torcer a la izquierda.	Sie müssen nach links abbiegen.

Bitten, Aufforderungen, Fragen

Tiene que ir hasta ...	Sie müssen bis zu ... gehen.
Tiene que cruzar (la plaza).	Sie müssen (den Platz) überqueren.
¿Puede mostrarme, por favor, en el plano?	Können Sie mir das bitte auf dem Stadtplan zeigen?
¿Qué bus va a ...?	Welcher Bus fährt nach ...?
¿Puede decirme, por favor, dónde tengo que bajar?	Können Sie mir bitte sagen, wo ich aussteigen muss?
Disculpe, ¿hay una cabina de teléfono, por aquí?	Entschuldigen Sie, gibt es eine Telefonzelle hier in der Nähe?
¿Está lejos de aquí?	Ist das weit von hier?
Déme/Me pone medio kilo de ... y un kilo de ..., por favor?	Geben Sie mir bitte ein halbes Kilo ... und ein Kilo ...
¿Cuánto es?	Wie viel macht das?
Quiero ...	Ich möchte ...
¿Tiene ... ?	Haben Sie ... ?
Déme algo de esto.	Ich hätte gerne etwas davon.
¿Vamos a comer/tomar algo?	Gehen wir etwas essen/trinken?
Buenas noches, hemos reservado una mesa.	Guten Abend, wir haben einen Tisch reserviert.
¿A qué nombre?	Auf welchen Namen?
A nombre de ...	Auf den Namen ...
La carta, por favor.	Die Speisekarte, bitte.
¿Qué desean?	Was möchten Sie?
¿Qué quiere tomar?	Was möchten Sie trinken?
¿Qué desea de primero?	Was wünschen Sie als Vorspeise?
¿Y de segundo?	Und als Hauptgericht?
¿Y de postre?	Und als Nachtisch?

Versprechen, Wünschen, Anbieten

Camarero!	Herr Ober!
¿Le ha gustado la comida?	Hat Ihnen das Essen geschmeckt?
La cuenta, por favor.	Die Rechnung bitte.
¿Puede aconsejarme un hotel no caro?	Können Sie mir ein günstiges Hotel empfehlen?
¿Tiene una habitación libre?	Haben Sie ein freies Zimmer?
¿Cuánto tiempo va a quedarse?	Wie lange bleiben Sie?
¡Qué precio tiene la habitación?	Was kostet das Zimmer?
¿Tiene una habitación con baño/ducha?	Haben Sie ein Zimmer mit Bad/Dusche?
¿Tiene una habitación doble/individua?	Haben Sie ein Doppelzimmer/Einzelzimmer?
¿Qué hacemos esta noche?	Was machen wir heute Abend?/Was unternehmen wir heute Abend?
¿Qué planes tienes para esta noche?	Was hast du heute Abend vor?
¿Qué hacemos hoy?	Was machen wir heute?
Recuerda que ...	Denke daran, dass ...
¡Recuerda la cita!	Denk an den Termin!
No tenga(s) miedo.	Keine Angst!
¡Basta!	Hör auf damit!
¡No te atrevas!	Wage es nur nicht!

Versprechen, Wünschen, Anbieten

Le prometo llegar a la hora.	Ich verspreche Ihnen, pünktlich zu kommen.
Juan me ha dado su palabra.	Juan hat mir sein Wort gegeben.

Versprechen, Wünschen, Anbieten

María cumple siempre con sus promesas.	María hält immer ihre Versprechen.
Ha faltado a su promesa.	Er hat sein Versprechen nicht gehalten.
Te llamaré en cuanto llegue.	Ich rufe dich an, sobald ich ankomme.
Te escribiré.	Ich schreibe dir./Ich werde dir schreiben.
Te estaré esperando.	Ich warte auf dich./Ich werde auf dich warten.
Le deseo una estadía grata en nuestro país.	Ich wünsche Ihnen einen angenehmen Aufenthalt in unserem Land!
¡Qué disfrute de su estadía en nuestro país!	Genießen Sie Ihren Aufenthalt in unserem Land!
¡Qué tengas buen viaje!	Gute Reise!
Te deseo todo lo mejor.	Ich wünsche dir das Beste.
¡Qué tenga buen día!	Einen schönen Tag noch!
¡Qué se mejore!	Gute Besserung!
¡Qué te diviertas!	Viel Vergnügen!
¡Qué lo pase bien!	Viel Spaß!/Amüsieren Sie sich gut!
¡Qué tenga suerte!	Viel Glück!
¡Qué te vaya bien!	Alles Gute!
¡Te felicito! Has aprobado el examen.	Ich gratuliere dir zu deiner bestandenen Prüfung!
¡Muchas felicidades!	Herzliche Glückwünsche!
¡Feliz Navidad!	Fröhliche Weihnachten!
¡Feliz Año Nuevo!	Ein glückliches Neues Jahr!
Tome asiento, por favor.	Nehmen Sie bitte Platz.

Mitteilungen

¿Diga usted?	Sie wünschen?
Permítame darle un consejo.	Erlauben Sie mir, Ihnen einen Rat zu geben.
Le propongo que ...	Ich schlage Ihnen vor, dass ...
Te puedo prometer que ...	Ich kann dir versprechen, dass ...
Deseo que ...	Ich wünsche mir, dass ...
¿Quiere algo más?	Möchten Sie noch etwas?
¿Puedo ofrecerle algo?	Kann ich Ihnen etwas anbieten?
¿Puedo hacer algo más por usted	Kann ich noch etwas für Sie tun?
¿Está satisfecho con ...?	Sind Sie mit ... zufrieden?
¿Prefiere ... ?	Ist es Ihnen lieber, ... ?/ Bevorzugen Sie ...?
¿Le puedo ayudar?	Kann ich Ihnen helfen?
¿Puedo ofrecerle mi ayuda?	Kann ich Ihnen meine Hilfe anbieten?
¿En qué le puedo ayudar?	Wobei kann ich Ihnen helfen?
¿Tienes ganas de ...?	Hast du Lust ... ?
¿Te apetece ... ?	Möchtest du ... ?

Mitteilungen

Como usted sabe ...	Wie Sie wissen, ...
¡Vuelvo en seguida!	Bin gleich wieder da!
¡Vuelvo a ...!	Ich komme um ... wieder!
Teno que ir a la peluquqeria/ al doctor/ ...	Ich muss zum Friseur/Arzt/ ...!
Lamentablemente tengo que comunicarte que ...	Leider muss ich dir mitteilen, dass ...

Gespräche führen

Tengo una noticia buena/mala para usted.	Ich habe ein gute/schlechte/traurige Nachricht für Sie.
Casi olvido contarte que ...	Fast hätte ich vergessen, dir zu erzählen, dass ...
Tengo que marcharme.	Ich muss gehen.
Estoy al corriente de todo.	Ich bin über alles auf dem Laufenden.
Nos han dicho que ...	Man hat uns gesagt, dass ...
Dicen que ...	Man sagt, dass ...
Esto se llama ...	Das heißt ...
Nos han informado de que ...	Wir wurden darüber informiert, dass ...
Anuncian que ...	Es wird bekannt gegeben, dass ...
Parece que ...	Es scheint, dass ...
No viene porque ...	Er kommt nicht, weil ...
No tenemos noticias de ...	Wir haben keine Nachricht von ...
Se trata de...	Es handelt sich um ...
No estoy completamente seguro de ...	Ich bin mir nicht vollkommen sicher, dass ...
La cuestión es que ...	Es handelt sich darum, dass ...
Lo que más importa es ...	Hauptsache, ist ... / Am wichtigsten ist ...

Gespräche führen

¿Ya te he contado que ...?	Habe ich dir schon ... erzählt?
¿Ya te has enterado de que ...?	Hast du schon gehört, dass ...?
¿Sabías que ... ?	Wusstest du, dass ... ?

Gespräche führen

¿Te has enterado de ...?	Hast du ... erfahren?
Quería contarle algo.	Ich wollte Ihnen etwas erzählen.
¿Conversamos?	Wollen wir uns unterhalten?
Disculpe, ¿le molesto?	Entschuldigung, störe ich Sie?
Disculpe, ¿tiene un poco de tiempo?	Entschuldigen Sie. Haben Sie einen Augenblick Zeit?
¿Cuánto tiempo tienes?	Wie viel Zeit hast du?
¿Puedo hablar con ...?	Kann ich bitte mit ... sprechen?
Entretanto por lo menos podemos charlar.	In der Zwischenzeit können wir uns zumindest unterhalten.
¿Cómo?	Wie bitte?
No he entendido todo.	Ich habe nicht alles verstanden.
No comprendo esta palabra.	Ich verstehe dieses Wort nicht.
¿Qué significa ... ?	Was bedeutet ...?
¡Por favor, escríbalo!	Können Sie mir das bitte auf schreiben!
¿Puede repetir, por favor?	Können Sie das bitte wiederholen?
De nuevo, por favor.	Noch einmal bitte.
Lo que les interesa saber es ...	Was sie wissen wollen, ist ...
Hable más alto, por favor.	Sprechen Sie bitte lauter.
Perdón, no le he escuchado.	Verzeihung, ich habe Sie akustisch nicht verstanden.
¡Baja la voz!	Sprich leiser!
Más despacio, por favor.	Langsamer, bitte.
¡Deje de interrumpir!	Hören Sie auf, zu unterbrechen!
¿Puedes explicarme el significado de esta palabra?	Kannst du mir die Bedeutung dieses Wortes erklären?

Äußerungen, Stellungnahmen

¿Puedo preguntar algo?	Kann ich etwas fragen?
¡Por supuesto!	Selbstverständlich!
Una pregunta, ...	Eine Frage, ...
¿A qué se refiere?	Was meinen Sie?/Worauf beziehen Sie sich?
¿Cómo se pronuncia esta palabra?	Wie spricht man dieses Wort aus?
El problema es que ...	Das Problem ist, dass ...
¿Me entiende?	Verstehen Sie mich?
Sí, le entiendo.	Ja, ich verstehe Sie.
¿Qué ha dicho él/ella?	Was hat er/sie gesagt?
¿Ah, sí?	Ach ja?
¿De verdad?	Wirklich?
No me diga ...	Sagen sie bloß ...
Cambiemos de tema.	Wechseln wir das Thema.
Conversemos sobre otra cosa.	Reden wir von etwas anderem.
¿Charlan aún sobre lo mismo/el mismo tema?	Unterhalten sie sich immer noch über dasselbe Thema?
No sé qué decir.	Ich weiß nicht, was ich sagen soll.
Pues no hay más que hablar.	Es ist alles besprochen.

Äußerungen, Stellungnahmen

Yo llamo las cosas por su nombre.	Ich nenne die Dinge beim Namen.
En mi opinión, ...	Meiner Meinung nach ...
Creo que ...	Ich glaube, dass ...
¿Qué crees?	Was glaubst du?

Äußerungen, Stellungnahmen

Pienso que ...	Ich denke, dass ...
A mi parecer ...	Meiner Meinung nach .../ Nach meiner Auffassung ...
Yo no he dado todavía mi opinión.	Ich habe meine Meinung noch nicht gesagt.
Yo ya he dicho mi opinión.	Ich habe meine Meinung schon geäußert.
¿Qué opina sobre ... ?	Was ist Ihre Meinung zu ...?
No puedo opinar sobre eso.	Ich habe dazu keine Meinung.
Yo mantengo mi opinión.	Ich halte an meiner Meinung fest.
¿Qué le parece mi trabajo?	Was halten Sie von meiner Arbeit?
¿Qué nos dice?	Was können Sie uns sagen?
Es un hecho, que ...	Es ist eine Tatsache, dass ...
Quiero asegurarme de que ...	Ich möchte mich vergewissern, dass ...
Quiero recordarle que ...	Ich möchte Sie daran erinnern, dass ...
Dudo mucho (de) que ...	Ich bezweifle sehr, dass ...
Y a usted, ¿qué le parece?	Und Sie, was meinen Sie dazu?
Desde el punto de vista de ...	Vom Standpunkt der/des ...
Este realmente asunto no me gusta.	Diese Sache gefällt mir wirklich nicht.
No hay que tomar todo en serio.	Man muss nicht alles ernst nehmen.
Tiene razón.	Sie haben Recht.
Le doy la razón.	Ich gebe Ihnen Recht.
Es una buena idea.	Das ist eine gute Idee.

Äußerungen, Stellungnahmen

Estoy de acuerdo con la proposición de ...	Ich bin mit ... Vorschlag einverstanden.
Yo estoy a favor.	Ich bin dafür.
Estoy de acuerdo con usted hasta cierto punto.	Ich bin teilweise Ihrer Meinung.
Su punto de vista es interesante, pero ...	Ihr Standpunkt ist interessant, aber ...
No comparto la opinión de (Pedro).	Ich teile (Pedros) Meinung nicht.
Yo estoy en contra.	Ich bin dagegen.
Tenemos distintas opiniones.	Wir sind verschiedener Meinung.
No estoy de acuerdo con usted.	Ich stimme Ihnen nicht zu.
Lo siento, pero se equivoca.	Es tut mir Leid, aber Sie irren sich.
De ningún modo/De ninguna manera.	Auf keinen Fall.
No es cierto.	Das ist nicht wahr.
¡Fíjeseústed!	Stellen Sie sich das einmal vor!
Es una buena idea.	Das ist eine gute Idee.
¿Tienes alguna idea?	Hast du irgendeine Idee?
Todo está bien, si termina bien.	Ende gut, alles gut.

Anhang

Grundzahlen

cero [θero]	0
uno ['uno]	1
dos [dos]	2
tres [tres]	3
cuatro ['kuatro]	4
cinco ['θiŋko]	5
seis [seis]	6
siete ['siete]	7
ocho ['otʃo]	8
nueve ['nuebe]	9
diez [dieθ]	10
once ['onθe]	11
doce ['doθe]	12
trece ['treθe]	13
catorce [ka'torθe]	14
quince ['kinθe]	15
dieciséis [dieθi'seis]	16
diecisiete [dieθi'siete]	17
dieciocho [dieθi'otʃo]	18
diecinueve [dieθi'nuebe]	19
veinte ['beinte]	20
veintiuno [beinti'uno]	21
veintidós [beinti'dos]	22
treinta ['treinta]	30
treinta y uno ['treinta'uno]	31
treinta y dos ['treinta'dos]	32
treinta y tres ['treinta'tres]	33
cuarenta [kua'renta]	40
cincuenta [θin'kuenta]	50
sesenta [se'senta]	60
setenta [se'tenta]	70
ochenta [o'tʃenta]	80
noventa [no'benta]	90
cien [θien]	100
ciento uno [θiento'uno]	101
doscientos [dos'θientos]	200
trescientos [tres'θientos]	300
cuatrocientos ['kuatro'θientos]	400
quinientos ['kinientos]	500
seiscientos [seis'θientos]	600

Anhang

setecientos [ˈseteˈθi̯entos]	700	
ochocientos [ˈotʃoˈθi̯entos]	800	
novecientos [ˈnobeˈθi̯entos]	900	
mil [mil]	1000	
cien mil [θi̯enmil]	100.000	
un millón [miˈʎɔn]	1.000.000	

Ordnungszahlen

primero [priˈmero]	1.
segundo [seˈgundo]	2.
tercero [terˈθero]	3.
cuarto [ˈkuarto]	4.
quinto [ˈkinto]	5.
sexto [ˈsesto]	6.
séptimo [ˈseptimo]	7.
octavo [ɔkˈtabo]	8.
noveno [noˈbeno]	9.
décimo [ˈdeθimo]	10.
décimo primero [ˈdeθimoˈpriˈmero]	11.
décimo segundo [ˈdeθimoseˈgundo]	12.
décimo tercero [ˈdeθimoˈterˈθero]	13.
décimo cuarto [ˈdeθimoˈkuarto]	14.
décimo quinto [ˈdeθimoˈkinto]	15.
décimo sexto [ˈdeθimoˈsesto]	16.
décimo séptimo [ˈdeθimoˈseptimo]	17.
décimo octavo [ˈdeθimoˈokˈtabo]	18.
décimo noveno [ˈdeθimoˈnoˈbeno]	19.
vigésimo [biˈxesimo]	20.

Wochentage

lunes [ˈlunes]	Montag
martes [ˈmartes]	Dienstag
miércoles [ˈmierkoles]	Mittwoch
jueves [ˈxuebes]	Donnerstag
viernes [ˈbiernes]	Freitag
sábado [ˈsabado]	Samstag
domingo [doˈmingo]	Sonntag

Anhang

Monate

enero [e'nero]	Januar
febrero [fe'brero]	Februar
marzo ['marθo]	März
abril [a'bril]	April
mayo ['majo]	Mai
junio ['xunio]	Juni
julio ['xulio]	Juli
agosto [a'gosto]	August
septiembre [se'tiembre]	September
octubre [ok'tubre]	Oktober
noviembre [no'biembre]	November
diciembre [di'θiembre]	Dezember

Uhrzeit

Es la una.	13.00
Son las dos en punto.	14.00
Son las tres en punto.	15.00
Son las tres y cinco.	15.05
Son las tres y cuarto.	15.15
Son las tres y veinticinco.	15.25
Son las tres y media.	15.30
Son las tres menos veinticinco.	15.35
Son las cuatro menos veinte.	15.40
Son las cuatro menos cuarto.	15.45
Son las cuatro menos diez.	15.50
Son las cuatro menos cinco.	15.55
Son las cuatro en punto.	16.00
Son las cinco en punto.	17.00

Maßeinheiten

centímetro [θen'timetro]	Zentimeter
hectárea [ek'tarea]	Hektar
kilómetro [ki'lometro]	Kilometer
kilómetro cuadrado [ki'lometro'cua'drado]	Quadratkilometer
litro ['litro]	Hektoliter

Anhang

quintal [kin'tal] Hektoliter
hectolitro [ekto'litro] Hektoliter
tonelada [tone'lada] Tonne
metro cúbico ['metro'kubiko] Kubikmeter
gramo ['gramo] Gramm

Sternzeichen

Amario [aku'zrjo] Wassermann
Piscis ['pisθis] Fische
Aries ['arjes] Widder
Tauro ['tauro] Stier
Géminis ['xeminis] Zwillinge
Cáncer ['kanθer] Krebs
Leo ['leo] Löwe
Virgo ['birgo] Jungfrau
Libro ['libra] Waage
Escorpio [es'korpjo] Skorpion
Sagitario [saxi'tarjo] Schütze
Capricornio [kapri'kornjo] Steinbock